"十二五"职业教育国家规划

经全国职业教育教材审定委员会审定

U0621921

店 铺 运 营

Dianpu Yunying

（第二版）

莫海燕　主　编

高等教育出版社·北京

内容简介

本书获首届全国教材建设奖全国优秀教材二等奖,是"十二五"职业教育国家规划教材,是在第一版教材基础上依据教育部《中等职业学校电子商务专业教学标准(试行)》,参照网店运营推广、电子商务数据分析职业技能等级标准,并结合店铺运营岗位实际要求而修订的。

本书主要内容包括:店铺开设、店铺管理、数据营销、客户服务。

为方便教学,本书配有二维码和 Abook 教学资源。

本书可作为中等职业学校电子商务专业教材,也可作为相关从业人员的参考用书。

图书在版编目(CIP)数据

店铺运营 / 莫海燕主编 --2 版 . -- 北京: 高等教育出版社,2020.8(2023.2 重印)
ISBN 978-7-04-054625-5

Ⅰ . ①店… Ⅱ . ①莫… Ⅲ . ①电子商务 – 商业经营 – 中等专业学校 – 教材 Ⅳ . ① F713.365.2

中国版本图书馆 CIP 数据核字(2020)第 118243 号

策划编辑	聂志磊	责任编辑 聂志磊		封面设计 李小璐	版式设计 王艳红
插图绘制	于 博	责任校对 任 纳 陈 杨		责任印制 朱 琦	

出版发行	高等教育出版社		网 址	http://www.hep.edu.cn
社 址	北京市西城区德外大街4号			http://www.hep.com.cn
邮政编码	100120		网上订购	http://www.hepmall.com.cn
印 刷	三河市骏杰印刷有限公司			http://www.hepmall.com
开 本	787mm×1092mm 1/16			http://www.hepmall.cn
印 张	12.5		版 次	2015 年 9 月 第 1 版
字 数	270千字			2020 年 8 月 第 2 版
购书热线	010-58581118		印 次	2023 年 2 月 第 6 次印刷
咨询电话	400-810-0598		定 价	26.90元

本书如有缺页、倒页、脱页等质量问题,请到所购图书销售部门联系调换
版权所有 侵权必究
物 料 号 54625-A0

本书配套的数字化资源获取与使用

在线开放课程(MOOC)

本书配套在线开放课程"店铺运营",可通过计算机访问地址 https://www.icve.com.cn/ 或百度搜索"智慧职教",进入"智慧职教"网"MOOC学院"频道,在搜索栏内搜索课程"店铺运营"(课程负责人:冷玉芳)进行视频学习、测验考试、互动讨论。

二维码教学资源

本书配有微视频等教学资源,在书中以二维码形式呈现。扫描书中的二维码进行查看,随时随地获取学习内容,享受立体化阅读体验。

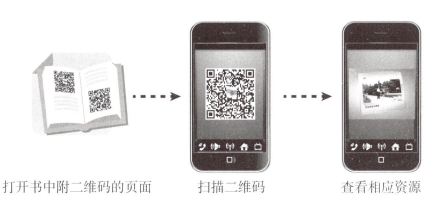

打开书中附二维码的页面　　　　扫描二维码　　　　查看相应资源

Abook 教学资源

本书配套授课教案、演示文稿等教学资源,请登录高等教育出版社 Abook 网站 http://abook.hep.com.cn/sve 获取。详细使用说明见本书"郑重声明"页。

注册 → 登录 → 绑定课程

访问网站 http://abook.hep.com.cn/sve
自行设定用户名、密码,留下常用邮箱

需匹配用户名、
密码、验证码

输入教材封底所附学习卡
上的密码,免费获取资源

扫码下载App

第二版前言

　　本教材获首届全国教材建设奖全国优秀教材二等奖,是"十二五"职业教育国家规划教材,是在第一版教材基础上依据教育部《中等职业学校电子商务专业教学标准(试行)》,紧扣《国家职业教育改革实施方案》基本要求,适应"1+X"证书制度而修订的。本教材的修订还参照了网店运营推广、电子商务数据分析职业技能等级标准,体现了网店运营推广职业技能等级初级和中级的部分内容、电子商务数据分析职业技能等级初级中关于店铺运营分析的相关内容,并在修订过程中注意发挥专业课的课程思政功能,以落实职业教育立德树人的根本任务。

　　本教材紧跟时代步伐,反映当今社会电子商务和移动互联网"指数式爆炸增长"带来的变化,内容随信息技术发展和产业升级情况而更新,融入互联网+、人工智能、大数据、新电商模式运营手段等新技术、新方法和新内容。本次修订将原来的"营销推广"升级为"数据营销",体现"运营中有数据、数据中有运营"的思维,增加了智能客服、跨境电商平台操作等内容。

　　本教材具有以下特点:

　　(1)注重创造力、动手能力及整体思维能力的培养,力图将新技术、新方法纳入教材,结合行业真实案例,聚焦科学思维的训练,并对应到具体的知识点和技能点中,帮助学生以易读、易懂、易用的方法掌握各种技能,快速将相关知识应用到实际工作中。

（2）按照学生从新手到熟手，最终能够独立运营一个店铺的过程来进行训练，采用"案例学习→模拟训练→实操任务"的三段式进阶模式，学生根据教材内容即可一步步进阶为熟手。全书遵循店铺运营的工作逻辑，注重培养学生思维逻辑。店铺的发展过程和运营者的成长过程交相呼应、一脉相承、彼此融合。

（3）在以技能训练为核心的基础上，增加了实践经验和相关理论链接，着眼学生的可持续发展，不仅教给学生操作步骤，更加强了理论知识和关键经验的介绍。理论知识体系的完善和关键经验的补充，使得全书知识体系更加完备，实践指导性更强，呈现了一条"精运营、可发展"的成长之路。

（4）为了方便教师教学和学生学习，将相关微视频等资源以二维码形式植入书中，打破了时间和空间的限制，让知识和信息在互联网上流动，使师生交互更加便捷。

使用本教材进行教学，建议安排 108 学时，具体如下：

项　　目	教学内容		参 考 学 时
项目1　店铺开设	任务1	开店准备	16
	任务2	开设淘宝店铺	
	任务3	开设速卖通店铺	
项目2　店铺管理	任务1	商品管理	24
	任务2	店铺装修	
	任务3	安全管理	
项目3　数据营销	任务1	卖出商品	32
	任务2	提高销量	
	任务3	打造爆款商品	
	任务4	建立品牌	
项目4　客户服务	任务1	智能客服	24
	任务2	制作客服工作手册	
	任务3	会员管理	
综合实训			12
合　　计			108

本教材由莫海燕任主编，莫丽梅任副主编，参与编写的人员还有：冷玉芳、李翔、莫永宁、秦清梅、蓝莹、陈娜那、班欣。

广西电子商务协会、北京博导前程信息技术股份有限公司为本教材的编写提供了许多信息和资源，并给予了必要的帮助和指导，在此一并表示衷心的感谢。

由于编者水平有限，且网店运营技术发展日新月异，书中难免存在欠妥之处，恳请各位读者批评指正。需要说明的是为了有助于教师教学，本教材采用了大量真实的企业案例，但随着市场及经营情况的改变，这些企业有可能会发生变化，各学校在使用本教材过程中可根据实际情况进行调整。读者意见反馈邮箱：zz_dzyj@pub.hep.cn。

编　者

第一版前言

本书是"十二五"职业教育国家规划教材，依据教育部《中等职业学校电子商务专业教学标准》，参照电子商务行业标准，并结合店铺运营岗位实际要求编写。

"店铺运营"是中等职业学校电子商务专业的一门核心课程，是学生走出校门，从事电子商务相关工作的必修课程。其功能是使学生具备独立的网上店铺运营能力，达到既可以进行自主创业，也可以为电子商务企业服务的水平。

本教材贯彻"以能力为本位，以就业为导向"的职业教育办学方针，充分体现以适应"理论与实践一体化"的新型教学模式需求为根本，以满足学生和社会需求为目标的编写指导思想，突出培养学生职业精神、职业技能、就业能力和终身学习能力。在编写中力求突出以下特色：

（1）以应用为核心，联系生活、专业、企业生产实践。简化原理阐述，剔除无实用价值的内容和繁冗计算；适当降低理论难度，以适用、够用、实用为度，力求做到学以致用。

（2）打破原有理论框架，以电子商务行业店铺运营岗位为载体和主线安排教学项目。在尊重科学性和教学规律性的前提下，对教学内容进行整合、取舍和补充，凸显以提高学生能力为重点，满足企业对技能型人才的需求。

（3）注重进行有针对性的教学，通过项目内容设置真实经典案例，引导学生开展"自主—合作—探究"式的学习。培养学生的"关键能力"和职业素养，实施学训一体化教学，在"做中学，学中做"，为提高学生的就业能力打下坚实的基础。

全书设计了4个项目，14个任务。本书以真实的经典案例引导学生学习，激发学生的学习兴趣，倡导学生在"做中学，学中做"，培养学生在学习店铺运营技能的同时，提高综合职业能力。

使用本书进行教学，建议安排108学时，具体如下：

项　　目	教 学 内 容		参 考 学 时
项目1　店铺开设	任务1	开店准备	16
	任务2	开设C店	
	任务3	独立开设B店	
项目2　店铺管理	任务1	商品管理	24
	任务2	店铺装修	
	任务3	安全管理	
项目3　营销推广	任务1	卖出商品	32
	任务2	修炼内功	
	任务3	提升销量	
	任务4	打造爆款	
	任务5	建立品牌	
项目4　客户管理	任务1	会员制管理	24
	任务2	制作客服手册	
	任务3	实施客户关怀	
综合实训			12
合　　计			108

本书由莫海燕担任主编，莫丽梅担任副主编。全书编写分工如下：莫海燕编写项目1；莫丽梅编写项目2；陈刚编写项目3；黄嘉嘉编写项目4；全书最后由莫海燕统稿。

上海商派电子商务有限公司、厦门创意电子商务有限公司为本书提供了许多信息和资源，并给予编者进驻企业实践的机会。同时，全国电子商务职业教育教学指导委员会相关专家对本书编写进行了指导，在此一并表示衷心的感谢！

由于编者水平有限，本书难免有欠妥之处，敬请读者批评指正。读者意见反馈信箱：zz_dzyj@pub.hep.cn。

编　者

2015 年 7 月

·目　录·

■ 项目1 店铺开设

项目导入

店铺开设工作主要是根据店铺定位，选定开店平台，并根据平台的要求进行注册与设置，完成店铺开设操作。本项目作为网上开店的入门操作部分，旨在为你拿到网店"护照"助一臂之力。

店铺开设项目包括三个任务，依次是：开店准备、开设淘宝店铺、开设速卖通店铺。"任务1 开店准备"通过目标定位、客户群定位、产品定位、理念定位、其他定位来明确店铺定位；"任务2 开设淘宝店铺"根据淘宝平台的要求进行淘宝会员注册、选择店铺类型、开店认证、店铺设置、发布商品、确认开店，完成淘宝店铺的开设，可根据需要用同样的思路开设拼多多店铺；"任务3 开设速卖通店铺"根据速卖通平台的要求进行注册账号、提交入驻资料、缴纳年费、完善店铺信息，完成速卖通店铺的开设，可根据同样的思路完成敦煌网店铺的开设。

学习目标：

1. 能够在店铺开设活动中遵守相关电子商务平台规则，合法开设店铺；具备法律意识，尊重知识产权，在资料上传与设置时做到诚实守信。

2. 了解各大电商平台的特点，掌握主流平台店铺开设步骤，完成账号注册、实名认证、基本设置等内容。

3. 了解店铺定位的相关知识，能够根据提示精准定位店铺的人群、市场、理念、核心价值。

4. 能够将开设网店的基本思路，运用到不同平台店铺的开设中。

任务 1 开店准备

进行网店定位，做好开店准备是开店的第一步，是网店成功经营的第一个关键性因素。通过本任务的学习，你将可以专业卖家的标准一步步打造自己的店铺。

 案例学习

"宁可胖得精彩，也不瘦得雷同！" MsShe 大码女装店定位

MsShe 大码女装店是一家高级定制时尚大码女装品牌店铺，其网店首页如图 1-1 所示。MsShe 始创于 2010 年，2011—2019 年连续 9 年获得天猫大码女装类目销量冠军，是时下国内线上最受欢迎的大码女装品牌之一。"宁可胖得精彩，也不瘦得雷同！"——独特的品牌理念定位诠释了现代丰盈女性淡然优雅、自信从容、大方得体的气质，传递享受生活、拒绝平庸，在时尚与生活中挥洒自如、演绎完美生活的理念。

图 1-1 MsShe 大码女装店首页

网店经营的成功是与前期的精准定位分不开的，网店定位越清晰越能给网店经营带来良好的开端，MsShe 创建伊始的定位路径如图 1-2 所示。

图 1-2　MsShe 大码女装店定位路径

一、客户群定位

网店开设前需要明确客户群。MsShe 通过开展面向消费者的市场调研来获得客户群信息，从而定位自己的客户群。

调研第一步：通过搜索关键词"大码女装"获得三大信息，如表 1-1 所示。

表 1-1　"大码女装"关键词市场调研信息表

序　号	分　类	调 研 情 况
1	市场	大码女装的市场竞争非常激烈
2	类目	大码女装从以前的单一类目发展到有了多样化元素及不同风格的细分类目
3	心理价位	大码女装的目标消费者的心理价位在158～255元

调研第二步：挑选一些消费者进行电话咨询，并由此总结出目标消费者的四大特征，如图 1-3 所示。

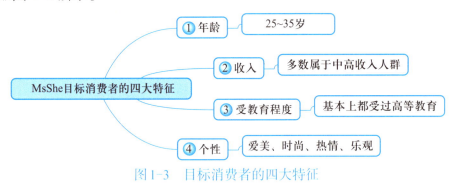

图 1-3　目标消费者的四大特征

二、细分市场定位

依据市场调研数据分析的结果，MsShe 大码女装店确定了最适合店铺发展的细分类目的定位——大码女装中的欧美系 OL（Office Lady）风格；同时依据消费者的心理价位确定了上架方案，消费者能从商品的定价上感知到两重信息：一是品质和服务有保障；二是性价比足够高。

三、理念定位

要想打造品牌，理念定位很重要。本着为深陷困扰的丰盈女性同胞鼓劲、帮助她们重拾美的信心的理念，MsShe 大码女装店设计了独特口号"宁可胖得精彩，也不瘦得雷同"。

四、核心价值定位

在淘宝网上很多大码女装店铺，仅仅加大畅销女装的尺寸就直接生产、上线销售了。实际上，并不是所有的畅销女装都适合开发大码尺寸，甚至有些款式开发大码女装是"自曝其短"。MsShe 大码女装店品牌的核心价值定位为胖人不能穿衣变瘦，却能穿衣显瘦，这才是最能打动目标消费者的法宝。为此，MsShe 特聘设计师专门为有着穿衣烦恼的丰盈女性量身打造能让她们"显瘦"和"时尚"的品质女装。这使得 MsShe 似乎永远做着同行没有兴趣抄袭的非流行款，常常打造出让同行看不懂的爆款产品，因为了解消费者的痛处、满足消费者的需求，形成了 MsShe 产品经营的核心竞争力。

知识链接

网店的定位是做好网店运营的第一步，十分重要，定位越精准转化率越高。网店定位的策略很多，最主要的策略是网店定位"五步法"，即目标定位→客户群定位→产品定位→理念定位→其他定位，如图 1-4 所示。卖家可以根据实际情况对"五步法"进行调整，例如"MsShe 大码女装店"的定位选择的是其中四步。

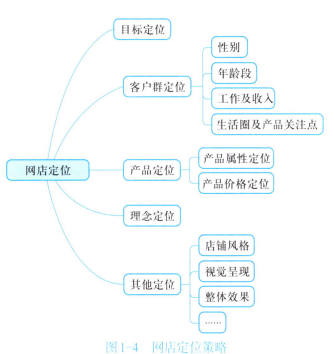

图 1-4　网店定位策略

一、目标定位

这里的目标指的是明确要卖什么产品。卖家可在所处的市场中进行调研,产品的特色、质量、地域优势、利润空间、价格优势等都会成为参考因素,可通过 SWOT 分析法对自身情况进行简单的分析,从而明确销售哪些产品。SWOT 分析模型如图 1-5 所示。

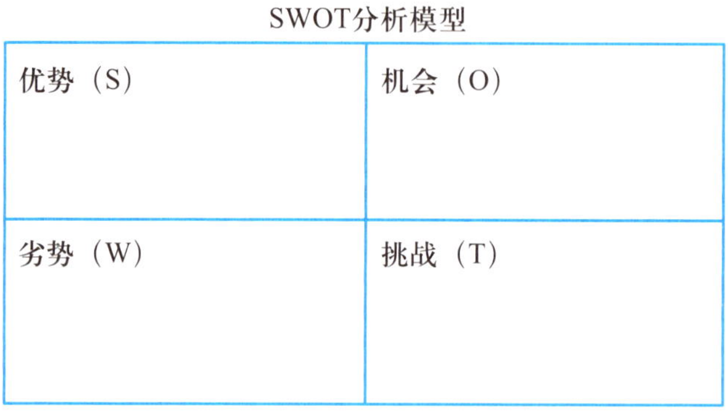

SWOT分析模型

优势（S）	机会（O）
劣势（W）	挑战（T）

图1-5　SWOT分析模型

二、客户群定位

客户群定位非常关键,只有明确产品所适合的消费群体,才能有针对性地推销产品。可从以下几点对客户群进行定位:

（1）性别。

（2）客户群年龄段。

（3）客户群的工作及收入。

（4）客户群的生活圈及产品关注点。

此外,客户的宗教信仰、社会地位、消费价值观、所在地域、拥有的产品现状和客户的组织归属等因素均可进行考虑。如家纺类目酒店布草产品的客户群调研数据如表 1-2 所示。

表 1-2　家纺类目酒店布草产品的客户群调研数据

序　号	项　目	数　据
1	性别	女性：67%；男性：33%

续表

序　号	项　目	数　据
2	年龄段	25～49岁属于主力客户群,其中最核心的群体是30～39岁
3	工作及收入	工作:70%以上的客户属于商务人士 收入:80%以上的客户属于城市中高端收入人群
4	生活圈及产品关注点	63%的客户经常或频繁出差,超过50%的客户住过四、五星级酒店 关注品质:61%的客户购买原因是体验过星级酒店床品的品质 关注舒适度:80%的客户更注重床品的舒适性 关注价格:超过50%的客户会选择1 000元以上的床品

综上分析可定位客户群:25～49岁(30～39岁是核心人群)的商务人士、城市中高端收入者,经济地位和社会地位较高,购买力强。这个群体经常进行商旅活动,对四、五星级酒店床品有充分的体验和认知;注重生活品质和品位,愿意花更多的钱获取更高的生活品质。这个群体消费心理比较成熟,一旦认可某个品牌,便会形成较高的忠诚度,为下一步进行数据营销和会员管理奠定基础。

三、产品定位

产品定位包含产品属性定位、产品价格定位两个方面。产品定位是基于客户特征开展的,由于客户对产品的属性要求、价格要求、质量要求、风格要求不同,对不同的客户群就会有不同的产品定位。

(一)产品属性定位

产品属性定位要细分到准确的目标客户群,即细分市场。例如:女装行业需进一步细分到休闲装、职业装、淑女装等;又如:减肥产品→中药减肥产品→针对女性的中药减肥产品→针对产后女性的中药减肥产品。在保证客户群有一定的数量和消费能力的前提下,定位越准确越容易找到目标客户群,也就越能提高转化率。

（二）产品价格定位

定价的标准是让客户感到物有所值、物超所值。因此，定价要考虑客户的感觉。同时，产品的价格要与客户群的消费层次相符合。比如，淘宝网上儿童玩具的价格区间是 10 ～ 500 元，则把自己店铺内的玩具产品价格区间控制在合理范围，价格区间不宜过大，如控制在 20 ～ 50 元或 100 ～ 200 元。又如，35 岁左右的公职人员有一定的社会地位，他们对服装品质有一定要求，考虑款式及质量优势后，可将面向这一客户群的服装价格定位在 500 ～ 800 元。不同的价格区间对应的是不同消费层次的客户，通过价格区间就锁定了对应的目标客户群。

四、理念定位

优秀的店铺都有明确的理念定位，如果你只单纯地卖产品，最后卖出去的只是产品，客户不会记住你的品牌。反复出现、时刻强调，营销的目的就是让品牌深入人心，打动人的心灵，看似重复的宣传文案，却发挥着威力无穷

图 1-6 林氏木业理念

的力量。如林氏木业最核心的理念就是那句"给您回家一个简单的理由"（见图1-6）。从该理念中能够感受到一种对家的憧憬，对美好生活的向往。

除上述内容外，店铺的风格、视觉呈现、整体效果等也要进行定位。产品定位与视觉风格的统一，店铺整体呈现出特定的风格魅力，容易给消费者留下深刻的印象。

实战应用

任务：为淘宝店铺定位。

要求：运用网店定位"五步法"对你即将开设的淘宝店铺进行定位，并进行简单总结，完成表1-3的填写。

表 1-3 店 铺 定 位

序 号	项 目	内 容	
1	目标定位	SWOT分析模型 优势（S）　　　　　　　机会（O） 劣势（W）　　　　　　　挑战（T） 确定所销售的产品为：	
2	客户群定位	性别	
		年龄段	
		工作及收入	
		生活圈及产品关注点	
3	产品定位	产品属性定位	
		产品价格定位	
4	理念定位		
5	其他定位		
	结论		

📋 课后作业

一、选择题

1. MsShe 大码女装店成功的经验之一是前期做了（　　　　）。

    A. 网店预算 　　　　　　　　　　B. 网店投资

    C. 网店定位 　　　　　　　　　　D. 网店客服

2. （　　　　　）不属于客户群定位的内容。

    A. 性别 　　　　　　　　　　　　B. 客户群的工作及收入

    C. 客户群的生活圈 　　　　　　　D. 产品的价格

3. 在某家纺类目酒店布草产品的客户群中，（　　　　　）以上的客户都属于商务人士。

    A. 50% 　　　　　　　　　　　　B. 60%

    C. 70% 　　　　　　　　　　　　D. 80%

4. 产品定位包含（　　　　）两个方面。

    A. 产品价格定位 　　　　　　　　B. 产品生产商定位

    C. 产品所属区域定位 　　　　　　D. 产品属性定位

5. MsShe 大码女装店创建伊始的定位路径包括（　　　　　）。

    A. 客户群定位 　　　　　　　　　B. 细分市场定位

    C. 理念定位 　　　　　　　　　　D. 核心价值定位

二、填空题

1. 产品定位是基于客户特征开展的，由于客户对产品的属性要求、＿＿＿＿、＿＿＿＿、＿＿＿＿不同，对不同的客户群体就会有不同的产品定位。

2. MsShe 大码女装店的品牌理念是"＿＿＿＿＿＿＿＿＿＿＿＿＿＿＿"。

3. 网店定位"五步法"包括：目标定位→＿＿＿＿＿＿→产品定位→＿＿＿＿＿＿→其他定位。

4. SWOT 分析模型中，S 代表＿＿＿＿，W 代表＿＿＿＿，O 代表＿＿＿，T 代表＿＿＿＿。

5. 淘宝网上儿童玩具的价格区间是＿＿＿＿元。

三、判断题

（　　）1. 产品的客户群定位并不重要，如果时间不够可以忽略。

（　　）2. 客户群的生活圈及产品关注点属于隐私，不能进行调研及定位。

（　　）3. 不同的价格区间对应的是不同消费层次的客户，通过价格区间就锁定了对应的目标客户群。

（　　）4. 优秀的店铺都有明确的理念定位。营销的目的就是让品牌深入人心，看似重复的宣传文案，却发挥着威力无穷的力量。

（　　）5. 对店铺风格、视觉呈现、整体效果进行定位的意义不大。

四、简答题

请简述理念定位的重要性，选择 1 ~ 2 个你认为理念定位比较成功的店铺进行说明。

任务评价

类别	序号	考核项目	考核内容及要求	分值/分	学生自测	学生互测	教师检测	分数
技术考评（80分）	1	质量	理解网店定位策略及内涵	10				
	2		正确分析成功网店是如何定位的	20				
	3		能够运用"五步法"分析与定位自己的网店	50				
非技术考评（20分）	4	态度	学习态度端正	5				
	5	纪律	遵守纪律	5				
	6	协作	团队合作状况良好	5				
	7	文明	保持安静，清理场所	5				
总分：								

任务 2 开设淘宝店铺

淘宝网作为具有较大影响力的网上交易平台，吸引了越来越多的人进驻开店。如何在零基础的情况下将店铺搭建起来？本任务归纳了淘宝开店的六大步骤，即淘宝开店"六步法"，帮助新手用最短的时间系统地掌握开设淘宝店铺的一系列流程。你只需按照文中提示的步骤逐步实施，即可成功开设店铺。

案例学习

大学生成功创业，年销售500万元的淘宝网男士化妆品店

"menscolor 梵可集市店"是一家主营男士彩妆护肤品的金冠淘宝店，其店铺首页如图 1-7 所示。该店于 2006 年 5 月创建，创店之初生意寥寥无几。经过几年的打拼，现已升级为淘宝网金冠（50 万条交易记录以上）信誉店铺，并拥有自己的天猫店"menscolor 梵可"，货品种类达到 1 000 余种，与美国、英国、日本、韩

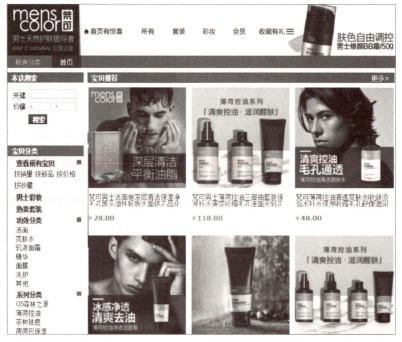

图 1-7 menscolor 梵可集市店首页

国等国家的供货商建立了良好的合作关系，年营业额达到 500 万元。作为大学生创业的成功范例，店主准备借着"全民创业"的新浪潮，把他的网络终端超市开得更大。

相对实体店而言，网上开店成本低、速度快，是一条不错的创业之路。但成功只会青睐有准备的人，对于新入行的卖家而言，借鉴他人经验，积极主动学习，借助成熟网站平台是必要的准备工作。

个人开设淘宝店铺"六步法"流程如图 1-8 所示。

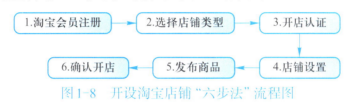

图 1-8　开设淘宝店铺"六步法"流程图

一、淘宝会员注册

（一）登录淘宝网首页，进入注册页面

登录淘宝网首页（https://www.taobao.com），单击【免费注册】（见图 1-9）进入注册页面，单击【同意协议】。

图 1-9　淘宝网首页

（二）设置用户名

在注册页面中填写手机号码（必须是未被注册使用过的手机号码），单击【下一步】，如图 1-10 所示；手机会收到一条验证码，输入验证码后单击【验证】。

图 1-10　设置用户名

（三）填写账号信息

按照页面提示完整填写账号信息，如图 1-11 所示。注意：会员名很重要，填写有特色的名字能让别人注意和记住你，有利于店铺推广。

图 1-11　填写账号信息

（四）设置支付方式

按照页面提示完整填写银行卡号等信息，如图 1-12 所示。银行卡必须是注册者本人的，手机号码必须是在银行预留的号码。

淘宝网 用户注册
Taobao.com

1 设置用户名   2 填写账号信息   3 设置支付方式   ✔ 注册成功

银行卡号

持卡人姓名

                                        选择生僻字

证件 身份证 ▼

手机号码 此卡在银行预留手机号码   获取校验码

同意协议并确定

查看《快捷支付服务相关协议》

图1-12　设置支付方式

（五）注册成功

注册成功后，进入图1-13所示页面。淘宝账户创建成功后，平台会同步创建支付宝账户，可以在注册成功提示页面看到支付宝账户的部分信息，支付宝账户名即手机号码，支付宝账户登录密码与淘宝账户登录密码相同。

图1-13　注册成功

二、选择店铺类型

登录淘宝网首页，单击【卖家中心】→【我要开店】→【创建个人店铺】，如图1-14所示。

图1-14　创建个人店铺

三、开店认证

进入开店认证页面，开店需要经过两次认证，即支付宝实名认证和淘宝开店认证。创建支付宝账号时没有进行支付宝实名认证，所以这里首先要进行支付宝实名认证。

（一）支付宝实名认证

选择【支付宝实名认证】，单击【立即认证】，如图 1-15 所示。

图1-15　支付宝实名认证

支付宝身份验证有两种方式：一种是电脑认证，另一种是手机认证。

1. 支付宝身份验证——电脑认证

采用电脑认证方式需要上传本人身份证件，确保证件图片清晰、四角完整，如图 1-16 所示。

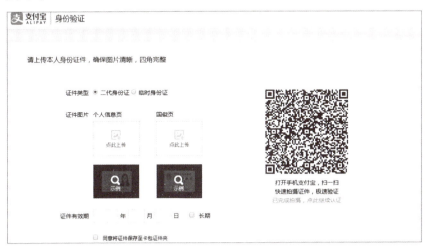

图 1-16　支付宝身份验证——电脑认证

2. 支付宝身份验证——手机认证

下载支付宝 App，使用支付宝账号登录，然后用支付宝 App 扫描网页上的二维码（见图 1-16），在手机上按步骤进行拍摄 / 上传身份证，验证人脸、银行卡、户口本等一系列操作，如图 1-17 所示。

图 1-17　支付宝身份验证——手机认证

3. 支付宝账号设置

进入支付宝首页（https://www.alipay.com），使用支付宝账号登录，按照页面提示填写相关信息，如图 1-18 所示。

图 1-18 支付宝账号设置

（二）淘宝开店认证

在淘宝网开店除完成支付宝实名认证外，还需要进行淘宝开店认证。在免费开店页面中，选择【淘宝开店认证】，单击【立即认证】，如图 1-19 所示。淘宝开店认证有两种方式：一种是电脑认证，另一种是手机认证。

图 1-19 淘宝开店认证

1. 淘宝开店认证——电脑认证

采用电脑认证方式需要上传手持身份证照片、身份证照片等信息。

2. 淘宝开店认证——手机认证

使用手机淘宝客户端扫描二维码，如图 1-20 所示。

图 1-20　扫描二维码

在手机上按照相应步骤完成验证手机号、填写联系地址、拍摄证件照片三步操作并提交审核，如图 1-21 所示，审核通过后即完成淘宝实名认证。

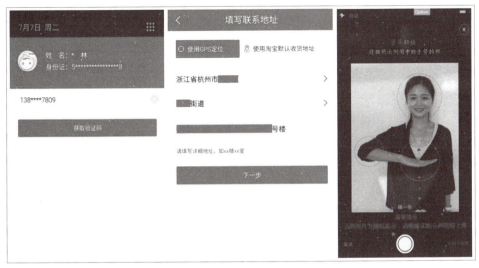

图 1-21　淘宝开店手机认证过程

四、店铺设置

（一）创建店铺

支付宝实名认证和淘宝开店认证都通过审核后，单击认证页面下方的【创建店铺】。

（二）设置店铺基本信息

单击【我是卖家】→【店铺管理】→【店铺基本设置】,进入设置店铺信息页面。在该页面中填写店铺名称，上传店铺标志，撰写店铺简介，完成店铺基础信息的设置，如图 1-22 所示。

图1-22　店铺基本信息设置

五、发布商品

（一）选择商品类目

登录淘宝账号进入卖家中心页面，单击导航栏中的【发布宝贝】，进入商品发布页面，选择默认的【一口价】发布方式。在页面中有四个列表框，从左至右依次表示商品的一级至四级分类。根据商品细化分类之后，单击【下一步，发布宝贝】就可以开始编辑商品了，如图 1-23 所示。另外，还可以通过【类目搜索】和【最近使用的类目】去选择商品的所属类目。

图 1-23　选择商品类目

（二）编辑商品信息，上传商品图片

在打开的页面中正确选择和填写商品基本信息，以便让客户更快地找到该商品。例如发布箱包，要选择款式、质地、材质特征、开袋方式、内部结构、颜色等，并填写商品标题、价格、商品数量，上传商品图片，添加商品描述，选择该商品在店铺中的所属分类等。完成编辑操作后单击【预览】查看发布的效果，确认无误后单击【发布】，完成该商品的发布。

（三）查看商品在店铺中的展示效果

商品成功发布后，通常 30 分钟后才能在店铺、分类、搜索中显示。返回卖家中心页面，单击页面左侧导航栏中的【出售中的宝贝】，可以查看上架销售的商品列表，单击列表中的商品标题，可以在网店的前台查看该商品的详情。

六、确认开店

在卖家中心页面中，单击【店铺管理】→【查看我的店铺】，打开店铺首页，查看页面显示正常，商品信息无误，则店铺可以正式运营。

 平台拓展

在拼多多上开店

拼多多开店
操作

一、登录拼多多网站

登录拼多多网站首页（https://www.pinduoduo.com/），单击【商家入驻】，在"境内商家入驻"框中输入手机号，获取验证码，单击【0元入驻】，如图1-24所示。进入店铺类型选择页面，商家根据自身需要选择店铺类型，可选择【普通入驻】或【一般贸易入驻】，即个人店或企业店，不同入驻类型需要的资质不同。

图1-24　商家入驻

二、开设店铺

按照页面提示填写店铺信息和开店人基本信息，如图 1-25 所示。单击【创建店铺】，审核成功后即可开设店铺，如图 1-26 所示。

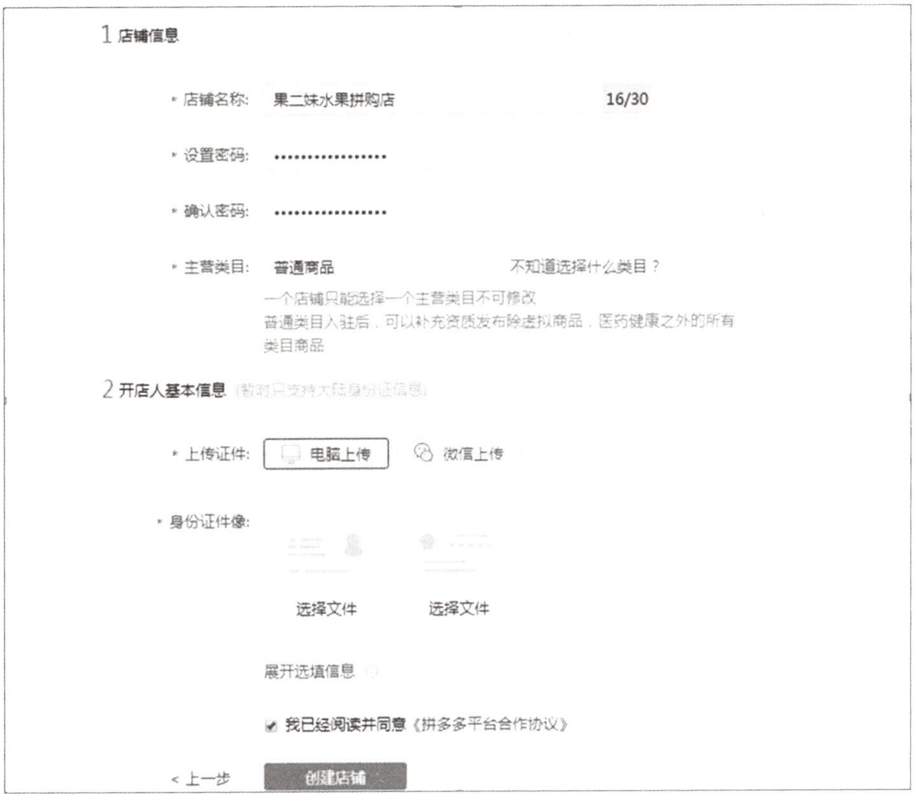

图 1-25　填写信息

图 1-26　创建店铺成功

三、缴纳保证金

在拼多多开设店铺需要交纳保证金，经营不同品类产品的店铺交纳的保证金金额不同，如图 1-27 所示。

入驻时，需交的保证金金额说明(单位：元)：

品类	非海淘企业保证金金额	海淘企业保证金金额	非海淘个人保证金金额	海淘个人保证金金额
服装鞋包	1000	10000	2000	10000
水果生鲜	10000	10000	10000	10000
食品保健	1000	10000	2000	10000
美容个护	10000	10000	10000	10000
母婴玩具	1000	10000	2000	10000
家居生活	1000	10000	2000	10000
3C电器	1000	10000	2000	10000
运动户外	1000	10000	2000	10000
家纺家具	1000	10000	2000	10000
数码电器	1000	10000	2000	10000

图 1-27 拼多多开店保证金金额

知识链接

一、淘宝会员注册的注意事项

在注册淘宝账户时要填写许多信息，需要特别注意：会员名控制在 5 ~ 20 个字符内，这里的字符包括字母、数字、下划线和汉字；会员名一旦注册成功不允许更改。登录密码由 6 ~ 16 个字符组成，使用英文字母加数字或符号的组合密码，不能单独使用英文字母、数字或符号作为密码，建议不要使用自己的生日、手机号码、姓名拼音以及连续的数字作为密码，以提高密码安全等级。

二、店铺设置的注意事项

设置店铺信息时，需要了解淘宝网关于店标、店名、店铺公告设置规范，特别注意以下几点规定：① 未经淘宝网许可，店标、店名及店铺公告禁止使用含有"淘宝网特许""淘宝授权"等含义的字词，禁止使用淘宝网或其他网站信用评价的文字和图标；② 店铺名不允许命名为 ×× 商盟；③ 非天猫（淘宝商城）店铺，不能在店铺、商品页面内使用旗舰店、专卖店、专营店称呼，这三类称呼是天猫（淘宝商城）店铺的特有称呼。

三、发布商品的三种方式

淘宝网提供"一口价""拍卖"和"个人闲置"三种发布方式。其中，"一口价"是定价销售方式;"拍卖"是竞买方式,价高者得,所有以拍卖形式发布的商品,邮费必须由卖家承担;"个人闲置"是指已通过支付宝实名认证的淘宝网用户以闲置方式发布商品,通常是个人持有的自用或从未使用的闲置物品。卖家可以根据自身实际情况选择商品发布方式,通常卖家会选择以"一口价"的方式来发布商品。

四、开店后的重要事项

完成商品发布后,查看自己的店铺首页及每件商品的详情页面信息无误,即可开始运营店铺了。店铺开设成功后,卖家需要用心经营自己的店铺,生意才会越来越好,尽可能多地增加店铺阿里旺旺的在线时间,要及时、认真、如实回答客户的提问。开店之初,详细的商品信息介绍、卖家一流的服务将会带来在淘宝网开店的第一笔生意。

实战应用

任务 1:按照开店"六步法"在淘宝网上开设你的店铺。

要求:

(1)成功注册淘宝账户与绑定支付宝账户。

(2)完成支付宝实名认证及淘宝开店认证。

(3)完成店铺信息设置,成功创建店铺。

(4)成功发布 10 件商品到店铺中,查看店铺首页、商品详情页,能够正常显示,确定商品信息无误。

任务 2:根据需要与实际情况,按照拼多多平台开店步骤开设拼多多店铺。

要求:

(1)登录拼多多网站。

(2)开设拼多多店铺。

(3)缴纳保证金。

课后作业

1. 淘宝网的首页地址是＿＿＿＿＿＿＿＿＿＿＿＿＿＿＿＿。

2. 淘宝网会员注册中,验证账户信息可以采用＿＿＿＿和＿＿＿＿两种方式。

3. 支付宝实名认证步骤包括_____。

4. 发布"一口价"商品的步骤是_____。

5. 发布"一口价"商品时需要填写哪些信息？

（1）_____ （2）_____ （3）_____

（4）_____ （5）_____ （6）_____

（7）_____ （8）_____ （9）_____

（10）_____ （11）_____ （12）_____

▣ 任务评价

类别	序号	考核项目	考核内容及要求	分值/分	学生自测	学生互测	教师检测	分数
技术考评（80分）	1	质量	注册淘宝会员	15				
	2		完成支付宝实名认证	15				
	3		完成淘宝开店认证	15				
	4		完成店铺介绍信息填写	15				
	5		成功发布10件不同商品	20				
非技术考评（20分）	6	态度	学习态度端正	5				
	7	纪律	遵守纪律	5				
	8	协作	团队合作状况良好	5				
	9	文明	保持安静，清理场所	5				
总分：								

任务 3　开设速卖通店铺

全球速卖通（以下简称速卖通）是阿里巴巴集团旗下面向全球市场打造的跨境零售平台，是一个融订单、支付、物流于一体的外贸在线交易平台。速卖通帮助中小企业直接面向海外买家，通过支付宝国际账户进行担保交易，使用国际快递发货。速卖通于 2010 年 4 月正式上线，经过多年的高速发展，目前速卖通已成为影响较大的跨境 B2C 出口平台之一，用户覆盖 220 多个国家和地区。本任务教授企业在全球速卖通开设店铺的流程。

案例学习

"90 后"卖家小麦在速卖通上创业卖饰品

17KM 店铺是"90 后"卖家小麦于 2012 年开通的一家主营饰品的速卖通店铺，其首页如图 1-28 所示。2011 年，19 岁的小麦在速卖通的客服部门实习，了解到海外消费者对中国商品有着庞大的购买需求，中国商品尤其是饰品等小商品在价格和品类上具备较大的优势，很受海外消费者的欢迎。2012 年，小麦正式入驻速卖通开始运营自己的店铺。经过多年的艰苦打拼，目前 17KM 店铺的年成交额达到了 2 000 万美元。

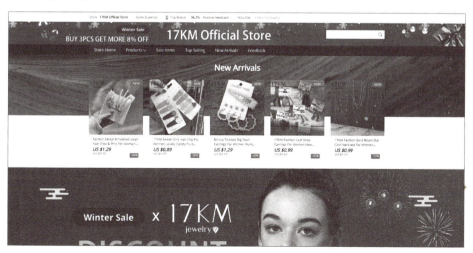

图 1-28　17KM 速卖通店铺首页

小麦的故事是否让你跃跃欲试？要想在速卖通上创业，就要先开设店铺。开设速卖通店铺的流程如下：

一、注册账号

（一）登录速卖通网站进入注册页面

登录速卖通网站首页（ http://www.aliexpress.com ），单击页面右侧的【Join】按钮，如图 1-29 所示。在弹出的对话框中单击【点此注册卖家账号】进入账号注册页面，如图 1-30 所示。

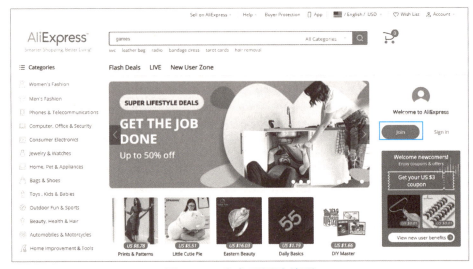

图 1-29　速卖通网站首页

图 1-30　注册卖家账号

（二）选择入驻方式

速卖通提供了 3 种商家入驻方式，分别是"淘宝商家入驻""天猫商家入驻"和"新商家入驻"，如图 1-31 所示。如果是淘宝或天猫商家，单击对应按钮后填写账号及密码即可完成入驻。新商家则需要选择"公司注册地所在国家"，进入后续注册流程。

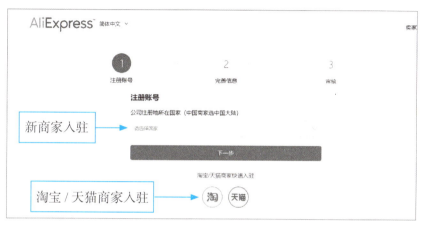

图 1-31　选择入驻方式

"淘宝商家入驻"只支持淘宝企业商家和淘宝个体工商户商家，淘宝个人商家无法直接入驻。同时，"淘宝商家入驻"只支持有邮箱的淘宝账号，仅有手机号码信息的淘宝账号需要重新进行注册。

（三）填写信息

选择"公司注册地所在国家"后，依次填写账号信息，验证手机，获取邮箱校验码，填写邮箱校验码，如图 1-32 所示。

图 1-32　填写账号及校验码等信息

（四）实名认证

根据是否拥有企业实名支付宝账号，决定进行"企业支付宝授权认证"或"企业法人支付宝授权认证"，如图 1-33 所示。如果选择"企业法人支付宝授权认证"，则需要在后续页面中提交企业营业执照照片，填写统一社会信用代码 / 注册号 / 组织机构代码、企业名称、经营期限、企业所在地区、企业详细地址等相关信息，提交完成后经过 2 ～ 3 个工作日的审核即可完成认证过程，如图 1-34 所示。

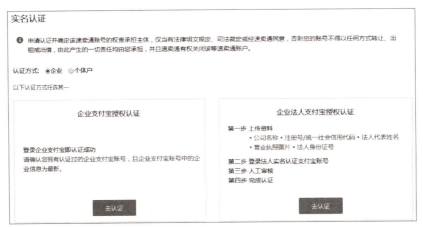

图 1-33　选择认证方式

图 1-34　完善账户信息

二、提交入驻资料

在速卖通平台上，一些特定的商品类目需要提供相关资质证明，平台审核通过后才能经营该类目下的商品。相关信息可以通过《AliExpress 全球速卖通类目资质要求》进行查询。

卖家申请经营商标商品，需提供系统要求的商标注册证、授权书或进货发票，审核通过后方可发布商标商品。若该商标在商标资质申请页面中查询不到，可根据系统引导进行商标的添加。若不经营商标商品，可跳过这个步骤。

三、缴纳年费

速卖通店铺需要根据所选的经营类目缴纳年费，类目不同，需缴纳的年费也有区别。每个速卖通账号只能选取一个大类目的商品进行经营，店铺的年销售额达到一定指标，即可部分或全额返还年费。年费缴纳及返还的标准可以通过速卖通各类目技术服务费年费一览表进行查询。

四、完善店铺信息

付费完成后进入【卖家后台】→【店铺】→【店铺资产管理】，设置店铺名称和二级域名。如果申请的是官方店，需要同步设置品牌官方直达及品牌故事内容。

五、开店经营

店铺入驻完成后，即可进行店铺装修、发布商品等店铺日常管理工作。

 **平台拓展**

入驻敦煌网

在敦煌网开店

一、注册账户

登录敦煌网卖家首页（http://seller.dhgate.com/），单击首页上的【轻松注册】，填写商户信息（见图 1-35），然后分别完成手机验证和邮箱验证，以激活账号，如图 1-36 所示。

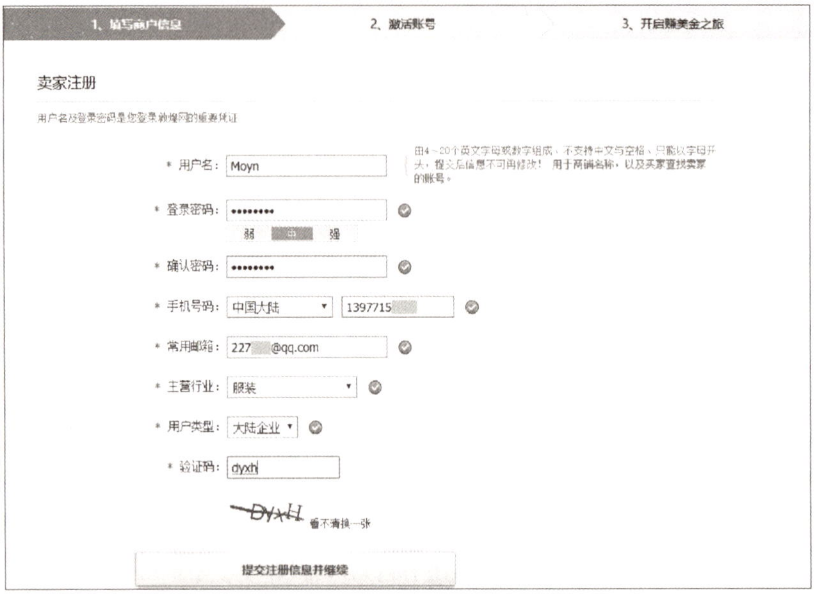

图 1-35 填写商户信息

图 1-36 手机及邮箱验证

二、缴纳平台使用费

敦煌网要求所有账户缴纳平台使用费后才能开店经营，缴费入口有 2 个：一是在完成手机及邮箱验证之后单击【立即缴费】，如图 1-37 所示；二是登录账户后台单击【立即缴费】，如图 1-38 所示。

敦煌网目前的缴费模式有 4 种，分别是"新卖家扶持版""一年有效""半年有效"和"一个季度有效"。企业可以根据自身情况选择缴费模式，如图 1-39 所示。

图 1-37 缴费入口一

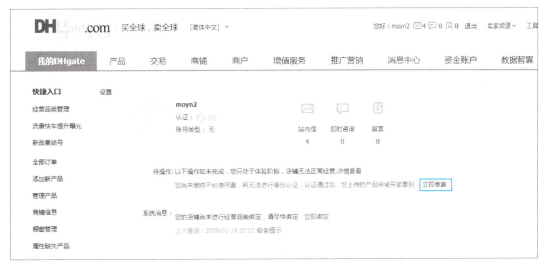

图 1-38 缴费入口二

图 1-39 敦煌网缴费页面

三、身份认证

缴费完毕后需要完成账户的身份认证工作，在网站后台单击【身份认证】即可进入认证流程。

在身份认证过程中，根据卖家身份类型的不同，需提交的身份认证信息也有所不同，如表 1-4 所示。

表 1-4　身份认证需提交的信息

卖家身份认证类型	需提交的身份认证信息
个人卖家	敦煌网联系人手持身份证正面照
	敦煌网联系人手持身份证反面照
内地企业	公司名称
	企业法人
	统一社会信用代码
	营业执照照片
	公司地址
	公司注册资本
	法人身份证正面照
	法人身份证反面照
	敦煌网联系人手持身份证正面照
	敦煌网联系人手持身份证反面照
	企业法人授权书
香港企业	公司名称
	董事名称
	公司证明书
	公司注册资本
	带有董事名称的香港公司注册处法团成立表页
	董事身份证正面照
	董事身份证反面照
	敦煌网联系人手持身份证正面照
	敦煌网联系人手持身份证反面照
	董事授权书

四、绑定经营品类

敦煌网目前拥有 20 多个商品品类，在发布商品之前需要对经营的商品品类进行绑定，如图 1-40 所示。

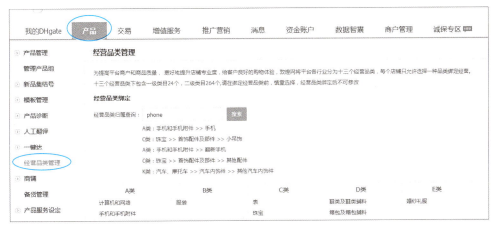

图 1-40　绑定经营商品的品类

五、开店经营

入驻操作完成后即可开始装修店铺、发布商品等店铺日常经营管理工作。

知识链接

淘宝个人商家升级为个体工商户商家或企业商家的步骤如下：

一、登录后台

单击【千牛卖家中心】→【店铺】→【主体变更及升级】，如图 1-41 所示。

图 1-41　千牛卖家工作台页面

二、选择主体变更内容

根据自身情况选择【个体户亮照】或【店铺升级】，即可进入相应升级流程，如图 1-42 所示。

三、提交资料完成店铺升级

升级为个体工商户商家需提交的资料有：工商营业执照注册号/统一社会信用代码、企业名称、工商营业执照有效期截止时间、营业执照照片，如图 1-43 所示。

升级为企业商家的要求较高，需完成申请方条件检测、确认须知与协议、填写主体信息、提交证明材料、缴纳服务费、等待接收方处理、升级完成七个步骤，如图 1-44 所示。

图1-42　选择主体变更内容

图1-43　升级为个体工商户商家需提交的材料

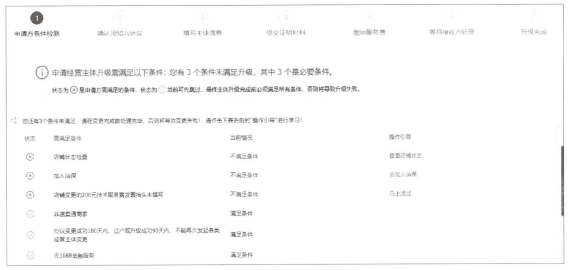

图 1-44　升级为企业商家的流程

实战应用

任务：在速卖通平台上开店。

要求：登录速卖通，完成注册账号、提交入驻资料、缴纳年费、完善店铺信息等操作，完成速卖通店铺的开通，并将操作过程填入表 1-5 中。

表 1-5　开设速卖通店铺实战记录表

序　号	实 战 任 务	实 战 记 录
1	注册账号	
2	提交入驻资料	
3	缴纳年费	
4	完善店铺信息	

课后作业

1. 不能直接入驻速卖通的是（　　　　　）。

    A. 淘宝企业商家　　　　　　B. 淘宝个体工商户商家

    C. 淘宝个人商家　　　　　　D. 天猫商家

2. 在速卖通使用"企业法人支付宝授权认证"进行实名认证时，需要提交的材料有（　　　　）。

    A. 企业营业执照照片   B. 统一社会信用代码/注册号/组织机构代码

    C. 企业名称   D. 经营期限

    E. 企业所在地区   F. 企业详细地址

3. 速卖通店铺在实名认证过程中，可以使用企业支付宝授权认证和_____

_____。

🔲 任务评价

类别	序号	考核项目	考核内容及要求	分值/分	学生自测	学生互测	教师检测	分数
技术考评（80分）	1	质量	完成账号的注册	20				
	2		提交入驻资料	20				
	3		缴纳年费	20				
	4		完善店铺信息	20				
非技术考评（20分）	5	态度	学习态度端正	5				
	6	纪律	遵守纪律	5				
	7	协作	团队合作状况良好	5				
	8	文明	保持安静，清理场所	5				

总分：

■ 项目2 店铺管理

项目导入

店铺管理主要是通过商品分类、商品日常管理、店铺首页及详情页装修设计、店铺安全管理等，维持店铺正常运行并取得较好的效益。要想在异常激烈的市场竞争环境中胜出，管理店铺是最基本的一环。只有做好店铺基础环节的管理，才有可能得以生存和发展。

店铺管理项目包括三个任务，依次是：商品管理、店铺装修、安全管理。"任务1 商品管理"通过商品准确分类引导客户进行选购，并根据销售情况对店铺中的商品进行实时调整，根据市场需求上下架商品，通过精细化的商品管理提升客户体验；"任务2 店铺装修"结合店铺风格、配色、布局等进行店铺首页及详情页的设计装修，塑造店铺形象，使店铺脱颖而出，通过视觉营销促成交易；"任务3 安全管理"要求学会识辨网店骗局，掌握防病毒软件的使用，提高账号安全级别，制订安全保密制度，确保店铺正常运行。

学习目标：

1. 能够在店铺管理活动中遵守相关电子商务平台规则，合法开展管理活动，具备法律意识和基本的防骗意识与能力。

2. 了解网店诈骗的常见套路，了解防御计算机病毒及网络攻击的途径，能够做好店铺的自我保护。

3. 能合理分类商品，根据阿里指数、商品销售情况与流量等数据进行商品的上下架管理。

4. 能合理选择店铺风格与配色，并完成 PC 端、手机端首页与详情页的装修设计。

5. 能调整提高自己的淘宝、支付宝和网银的账户安全级别，能以安全保密协议书的方式制订网店员工保密守则。

任务1　商品管理

商品管理是开店后的第一项工作，通常包括商品分类及日常管理等操作。将商品进行准确分类是为了保证客户浏览店铺就像逛类目分明的超市一样，能够快速准确找到商品，并引导客户进行选购。在日常管理方面，卖家应根据销售情况对店铺中的商品进行实时调整，根据市场需求增加新品、下架或重新编辑商品，管理和维护商品数据等。

案例学习

良品铺子的商品分类及日常管理

良品铺子是一家致力开发与推广特色休闲食品的全国直营连锁企业。该公司除拥有1 000多家实体店外，还开拓了网络销售渠道，并长期招募能够在淘宝开店的网络经销商。图2-1所示是良品铺子天猫旗舰店。

图2-1　良品铺子天猫旗舰店

打开该网店首页，在页面顶部可以看到清晰的分类导航，所有商品分类一目了然，既方便客户选购，也令客户对店铺的商品种类印象深刻。此外，每隔一段时间，卖家便会上架新品，并调整首页橱窗中的推荐商品，保证客户每次进店都有惊喜。

由良品铺子的案例可见，店铺商品分类及日常管理的重要性。通常，店铺商品分类及日常管理的具体操作如下：

一、商品分类

商品分类在淘宝网中也称宝贝分类，其作用主要有三个方面：方便客户更快地找到想要的商品；让客户一眼看到店铺的商品系列和分类；把店铺首页的流量有效地引导到子页面，增加访问深度。

店铺首页有三个展示商品分类的地方：首页导航区、页中及页尾。导航区的分类可以让客户对店铺商品种类一目了然；页中区域的分类可以进一步加深客户对店铺商品的印象；页尾区域的分类能方便客户在浏览完整个页面后，单击分类快速到达商品详情页面。良品铺子首页导航区、页中、页尾的商品分类分别如图 2-2 ～图 2-4 所示。卖家应根据三个分类区域的功能，采用不同的分类方式。

图 2-2　良品铺子旗舰店首页导航区商品分类

图 2-3　良品铺子旗舰店首页页中区域商品分类

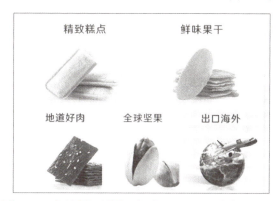

图 2-4　良品铺子旗舰店首页页尾区域商品分类

商品分类的方式有以下几种：按商品种类进行分类；按商品品牌进行分类；按商品重量、包装进行分类；按商品风格、特点进行分类；按新品上架时间进行分类；按价格进行分类；按活动或者折扣进行分类；按商品销量分类。卖家可以选择上述分类方式中的一种或几种对店铺商品进行分类。良品铺子旗舰店选用了按照商品种类、折扣、商品特点等多种分类方式，对客户进行购物引导。

淘宝店铺的商品分类操作有两个步骤：添加商品分类、将店铺商品添加到类目中。

（一）添加商品分类

单击【千牛卖家中心】→【店铺】→【宝贝分类管理】→【分类管理】，进入宝贝分类管理页面，如图 2-5 所示。

宝贝分类有两种操作方式，即"添加手工分类"与"添加自动分类"，卖家根据需要选择其中一种方式。添加手工分类的好处是商品分类和子分类的名称可以自行定义；添加自动分类可用系统自带的 4 种分类，可选择按类目、属性、品牌、时间价格分类方式中的一种，如图 2-6、图 2-7 所示。

图2-5 千牛卖家工作台店铺页面

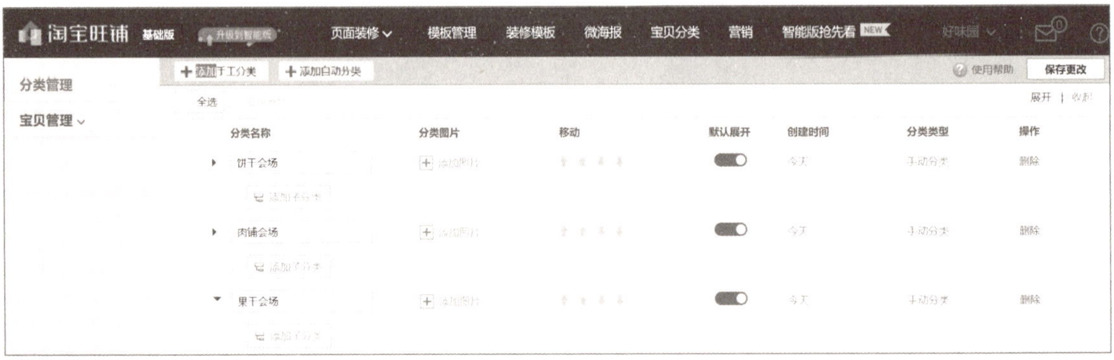

图2-6 千牛卖家工作台"添加手工分类"方式

图2-7 千牛卖家工作台"添加自动分类"方式

（二）将店铺商品添加到类目中

单击【千牛卖家中心】→【店铺】→【宝贝分类管理】→【宝贝管理】，进入宝贝管理页面，如图2-8所示。系统展示未分类的所有商品，可以对单个未分类商品添加分类，也可以单击【批量分类】，将同类商品同时放到一个类目下。

宝贝管理 ∨		□ 全选	批量分类 ▼			
全部宝贝			宝贝名称	价格	所属分类	编辑分类
未分类宝贝		□	【买1送1】红啤梨水果梨子新鲜当季香酥红皮梨啤酒梨带箱10斤	￥36.8		添加分类 ▼
已分类宝贝 ∨		□	当季新鲜水蜜桃带箱5斤 整箱毛桃桃子脆甜孕妇水果包邮	￥18.7		添加分类 ▼
		□	红心猕猴桃新鲜奇异果弥猴桃当季水果带箱5斤猕猴桃红心	￥31.8		添加分类 ▼
		□	新鲜红美人香蕉 福建漳州孕妇水果当季应季红皮香蕉带箱5斤	￥46		添加分类 ▼

图2-8 将店铺商品添加到类目中

二、商品日常管理

商品日常管理包括上架新品与下架商品。店铺展示的商品并不是固定不变的，而是根据商品销售情况随时更新，如上架新品、下架售空或滞销商品等。保持商品的更新能帮助店铺得到搜索引擎的优先排名，也能改善客户的购物体验。

（一）根据市场数据上架新品

卖家可以根据市场数据来确定上架的新品。获取淘宝销售相关市场数据的方式有两种：阿里指数与淘宝生意经。阿里指数的信息可以免费获取，淘宝生意经里大部分的市场数据需要付费获取。阿里指数展现的是近期市场每一类商品的搜索人气（搜索词排行见图2-9）、热门销售地区、买家和卖家概况。通过淘宝生意经可以查看淘宝平台与销售相关的所有数据，如图2-10所示。

图2-9 阿里指数搜索词排行

标准版	专业版
帮助初创期商家快速破局，为流量获取的研究以及对市场爆款的研究提供决策支持。	帮助成长期商家深入了解市场结构，实现竞争分析，了解本店与行业之间差距，更快向上发展。
10 大功能	**22 大功能**
* 市场监控　　* 市场大盘 * 市场排行　　* 搜索分析 * 搜索排行　　* 监控竞店 * 竞店分析　　* 监控竞品 * 竞品分析　　* 竞争配置	* 标准版功能 ＋ * 搜索客群　　* 行业客群 * 属性洞察　　* 产品洞察 * 竞店识别　　* 竞品识别 * 品牌识别　　* 监控品牌 * 品牌分析　　* 竞争动态 * 品牌客群　　* 客群透视
时效：离线数据	时效：实时+离线
周期：最长可查看近1年数据周期	周期：最长可查看近3年数据周期
权限：商品/店铺排行榜数量 TOP 100 　　　行业热词榜 TOP 100 　　　5 个竞店分析 / 7天，10 个竞品分析 / 7 天	权限：商品/店铺/排行榜 TOP 300 　　　品牌排行榜 TOP 50 　　　行业热词榜 TOP 300 　　　60 个竞店分析 / 7 天 　　　120 个竞品分析 / 7 天 　　　20 个品牌分析 / 7 天 　　　属性排行榜数量 TOP 100 　　　产品排行榜数量 TOP 100
99元 / 月 (一年起订)	**750元 / 月** (一年起订)

图2-10 淘宝生意经市场数据服务收费标准

卖家可以选择免费的数据服务，即通过阿里指数的数据分析与自己销售相关的商品类目下哪些商品受欢迎，根据客观的市场需求准备新品并上架。

（二）根据销售情况下架商品

单击【千牛卖家中心】→【商品】→【出售中的宝贝】，可以看到店铺所有商品的销售情况，如图 2-11 所示。

图2-11　千牛卖家中心出售中的宝贝页面

在出售中的宝贝页面中可以看到商品的价格、库存、销量、创建时间、发布时间等数据，但是看不到商品的流量情况。商品的流量情况可以单击【千牛卖家中心】→【数据】→【商品分析】进入商品分析页面进行查看，如图 2-12 所示。

图2-12　千牛卖家中心商品分析页面

卖家可以根据商品的销售情况和流量情况选择是否下架商品。如果一件商品30天内既没有销量也没有流量，可以选择下架或者重新编辑商品信息。如果需要下架或编辑商品，只需勾选商品前的复选框，然后选择【编辑商品】或【立即下架】即可，如图2-13所示。下架后的商品将不会在店铺中显示，可以在卖家中心的"仓库中的宝贝"中找到；如需重新上架，在"仓库中的宝贝"中进行上架操作即可。

图 2-13　商品编辑与下架操作页面

 平台拓展

速卖通店铺商品管理操作

一、商品分类

速卖通的商品按"组"管理，商品分类需使用"产品分组"功能，操作如下：进入卖家后台，单击【商品】→【商品分组】，打开商品分组页面，如图2-14所示。

图 2-14　速卖通商品分组页面

单击【新建分组】，在文本框中输入组名，单击【保存】即可创建一级分组。单击一级分组下的【创建子分组】，即可创建子分组，如图 2-15 所示。

图2-15　创建分组

单击每个子分组对应的【组内产品管理】，可进入到组内产品管理页面，单击【添加产品】即可将店铺的商品添加到此分组中。如想将产品移到其他产品组，则要选中产品后单击【移出产品组】，如图 2-16 所示。

图2-16　组内产品管理页面

二、商品日常管理

（一）根据市场情况选择新品

1. 利用速卖通工具选择新品

速卖通平台首页末端提供了按类别浏览功能，即"Browse by Category"，选择【All Popular】可以看到整个速卖通网站不同类目下的热销产品，这些产品的认可度较高，在选品时可作为参考。也可以通过速卖通后台的【数据纵横】→【选品专家】进行选品，使用选品专家功能可以查看热销和热搜产品的三级类目，可以看到近期搜索较多、市场需求较大的产品,这些产品可以作为选品的参考。

2. 根据目标市场情况选择新品

不同市场有不同的需求,美国等国家市场注重品牌与品质,欧洲部分国家市场注重性价比,东南亚大部分国家市场注重价格。不同市场的消费偏好不一样,要从风俗、喜好、宗教、气候等多个方面进行了解,才能确保正确的选品。

3. 根据产品趋势选择新品

关注与各个目标市场相关的社交网站、流行博客等,以便掌握最新产品动态。有些社交网站经常更新最新产品趋势,可以根据这些网站来了解市场信息并选出适合的产品。

(二)下架商品

商品下架有两种方式:一种是到期下架,另一种是手动下架。

发布产品时会选择产品的有效期。有效期可以选择 14 天或 30 天。当产品发布、通过审核后会自动上架,默认的在架时间就是设定的有效期时长。待产品有效期过了,系统会自动下架产品。

此外,还可以进行手动下架。在商品管理页面的"正在销售"列表中提供手动下架操作按钮,如图 2-17 所示。

图 2-17　"正在销售"列表

无论是手动下架还是到期下架的产品,都会归到"已下架"列表中,如图 2-18所示。

图2-18 "已下架"列表

在"已下架"列表中，如果想要上架某个产品，只需要单击产品后面的【更多操作】→【上架】即可。

💬 知识链接

一、商品分类的注意事项

商品分类不仅需要考虑商品的属性与店铺的情况，还需要考虑客户体验。以下是商品分类需要注意的事项：

（1）按照商品种类进行分类，适合旗舰店、专卖店和有多品类的专营店，有利于整体和分开展示店铺的所有商品。

（2）按照商品品牌进行分类，适用于专营店，如数码类专营店有多个品牌商品，可一一展示和细分。

（3）按照商品重量、包装进行分类，适用于食品零售店等，可整箱或散装销售。

（4）按照商品风格、特点进行分类，即从色彩、花样、规格、型号、性能、设计风格、制作面料、趣味、款式等方面来分类，这样可以方便客户对同类风格、特点的商品进行对比，适用于有多种风格商品的店铺。

（5）按照新品上架时间进行分类，即按照季节、月份等进行商品分类，店铺应对处于不同阶段的商品制订相应的销售策略，使用相关的促销手段，从而增加销售量。

（6）按照商品价格进行分类，可分为高价位、中价位和低价位，应配合店铺的经营方针制订价格策略。

（7）按照活动或折扣进行分类，可分为优惠商品、套餐商品等，也可以根据节假日活动进行折扣商品分类。

（8）按照商品销售状况进行分类，可以分为畅销商品、主力商品、试销商品等。对不同类别的商品，应根据店铺的特性及店铺所在的商圈环境制订适用的销售计划。

（9）按照商品的使用目的进行分类，可分为送礼商品、自己消费用商品、集团消费用商品等。店铺可根据光顾店铺的客户特性设置不同商品的比例，制订商品销售计划。

（10）按照目标客户群进行分类，即按照性别、年龄、职业、生活层次、购买习惯等来分类，并且应该在开店初期针对这些分类制订商品计划。

（11）按照商品用途进行分类，即根据何时使用、何处使用、如何使用等情况来进行分类，采用相应的商品陈列手段、服务方式等开展销售活动。

二、商品日常管理的注意事项

商品日常管理是具有规律性的工作，需要根据店铺情况固定新品的上架时间，定期检查商品销售情况及下架商品，规律性的操作可以得到搜索引擎的优先排名。

实战应用

任务 1：淘宝店铺的商品管理。

要求：根据店铺商品属性添加商品分类，并将商品添加到对应类目中。根据店铺需要，对商品进行适当的调整，即上架、下架以及更新商品信息，将操作记录到表 2-1 中。

网店商品的
仓储管理

表 2-1 淘宝店铺的商品管理实战记录表

序　　号	实战任务	具 体 要 求	实 战 记 录
1	商品分类	根据店铺商品属性添加商品分类	
		将商品添加到对应类目中	

续表

序　　号	实 战 任 务	具 体 要 求	实 战 记 录
2	商品日常管理	根据阿里指数的数据分析与自己销售相关的商品类目下哪些商品受欢迎，根据客观的市场需求准备新品并上架一件商品	
		根据商品的销售情况与流量情况选择要下架的商品，进行一件商品的下架或重新编辑商品信息操作	

任务 2：速卖通店铺的商品管理。

要求：根据实际情况创建商品分组，进行商品分类管理、上架新品与下架商品操作，并将操作记录到表 2-2 中。

表 2-2　速卖通店铺的商品管理实战记录表

序　　号	实 战 任 务	具 体 要 求	实 战 记 录
1	商品分类	创建商品分组及子分组	
		在组内商品管理页面中添加新商品	
2	商品日常管理	根据选品要求选出一件新品并上架	
		对店铺中某款商品进行手动下架处理	

📖 课后作业

1. 图 2-19 是按照 ＿＿＿＿＿＿＿ 方式进行分类的。

2. 图 2-20 是按照 ＿＿＿＿＿＿＿ 方式进行分类的。

3. 图 2-21 是按照 ＿＿＿＿＿＿＿ 方式进行分类的。

4. 图 2-22 是按照 ＿＿＿＿＿＿＿ 方式进行分类的。

图 2-19　分类图一

图 2-20　分类图二

图 2-21　分类图三

图 2-22　分类图四

5. 在添加分类的操作中，若选择"自动添加分类"，系统会提供几种分类方式？分别是什么？

_____

_____

_____

_____

_____

_____

任务评价

类别	序号	考核项目	考核内容及要求	分值/分	学生自测	学生互测	教师检测	分数
技术考评（80分）	1	质量	创建商品分类	20				
	2		管理店铺商品的分类	10				
	3		根据市场数据上架新品	40				
	4		根据销售情况下架商品	10				
非技术考评（20分）	5	态度	学习态度端正	5				
	6	纪律	遵守纪律	5				
	7	协作	团队合作状况良好	5				
	8	文明	保持安静，清理场所	5				
总分：								

任务 2　店 铺 装 修

店铺装修是指卖家结合店铺风格，选择适当的配色，设置店铺的首页及详情页面。众所周知，好的店铺装修不仅能给客户带来视觉冲击，营造赏心悦目的购物环境，还能吸引客户的关注，塑造店铺形象和品牌，刺激购买欲望，促成交易。本任务主要介绍如何定位店铺风格、配色，如何布局及设置店铺首页和详情页。

案例学习

基于视觉营销的店铺装修——"妖精的口袋"

妖精的口袋是一家拥有 10 多年经营历史的淘宝皇冠级店铺，该店铺主营女装，目标消费群体为 18 ～ 30 岁追求时尚的女性，其 PC 端、手机端店铺首页如图 2-23、图 2-24 所示。该店铺新奇的装修风格和极具冲击力的配色效果吸引眼球，充分体现了店铺视觉设计的创意。虽然店铺装修不是店铺营销的唯一途径，但绝对是让店铺整体表现更上一层楼的一种方法。

"妖精的口袋"女装店在店铺装修设计上深深吸引了客户，产生了视觉营销效果。视觉营销就是利用色彩、图像、文字等形成冲击力，吸引潜在客户的关注，由此增加产品和网店的吸引力，从而达到营销目的。

店铺装修要达到视觉营销的目的，需要从影响视觉的四大要素：配色、整体风格、版式布局及图片设计方面进行整体设计。

配色分析："妖精的口袋"店铺首页及详情页处处充满鲜明俏皮的糖果色系，大胆的页面配色与店铺中的服装色彩相互呼应，色彩出挑但不喧宾夺主。

整体风格分析：活泼有趣的店铺装修风格，给人天真、热情、古灵精怪的感觉，正呼应该品牌所要展现的女装风格。

版式布局分析：PC 端店铺首页版式布局以方形为主，导航菜单简单明了、便于浏览，文案突出，有趣的文字描述激发客户的阅读兴趣。手机端店铺首页版式布局以圆形为主，设计元素有创意而不凌乱，整体布局符合客户的手机浏览习惯。

图2-23　"妖精的口袋"PC端店铺首页

图2-24　"妖精的口袋"手机端店铺首页

图片设计分析：在图片设计上，店铺商品主图设计显得可爱灵动，细节图采用多角度进行展示，商品图片尺寸适中、图文精心排版、贴心撰写各种小提示，带来舒心的感觉，给客户留下深刻印象。

从"妖精的口袋"店铺可以看出，店铺装修设计要与时尚接轨，更要与品牌理念相符，才能吸引客户。优秀的店铺装修是促进转化率不可或缺的一个关键因素。

通常，店铺装修包括以下几个步骤：确定店铺风格与配色、选择装修模板、设置店铺首页、设置商品详情页，具体操作如下：

一、确定店铺风格与配色

店铺风格是识别不同店铺之间差异的标志。优秀的店铺风格能够获得客户的信任，提升转化率，提高店铺的销售额。淘宝店铺风格多样，有时尚、复古、简约等，常见的店铺风格与配色如表 2-3 所示。店铺装修风格示例如图 2-25、图 2-26 所示。

表 2-3　常见的店铺风格与配色

序　号	店铺类型	风　格	配　色
1	服装配饰类店铺	时尚简约、潮流混搭	一般用色比较深沉，店铺常选用黑、深蓝、卡其、深红、紫红、灰等深色，以彰显尊贵气质
2	美容护肤类店铺	品质感、时尚、大牌	化妆品、护肤品一定要突出正品。高贵神秘的紫色通常用于以女性为对象的网店。化妆品类店铺要突出清爽、自然、环保的特点，因此使用蓝色、绿色、粉色都是不错的选择
3	运动、户外类店铺	时尚、动感、炫酷、潮流混搭	多用混色搭配，体现青春活力，因为产品颜色丰富，建议底色采用纯净的背景
4	家电、数码类店铺	品质感、金属感、科技感	影音数码产品行业较多运用黑色、灰色、深蓝色、金色等彰显商业气氛浓厚的颜色，视觉上注重技术的体现，给人以强大、可靠的感觉

续表

序　号	店 铺 类 型	风　　格	配　　色
5	食品、家居、家具类店铺	温馨、环保、健康、舒适感	食品类店铺一般采用暖色风格，如橙色，刺激客户的食欲；也有一些具有地方特色或具有浓郁乡土气息的食品类店铺，为了突出绿色、天然食品等特点，采用绿色为主色。家居、家具类店铺通常使用的主色调有绿色、黄色、橙色、粉色等，能带给人舒服、轻松的视觉效果

图2-25　男装店铺风格示例

图2-26　日用品店铺风格示例

二、选择装修模板

登录淘宝账号，单击【千牛卖家中心】→【店铺管理】→【店铺装修】，如图 2-27 所示。

图2-27　"店铺管理"列表

选择【PC 端】（见图 2-28），单击左侧列表中的【模板】进入选择店铺模板页面。

图2-28　选择【PC 端】

进入选择店铺模板页面后，根据店铺风格选择淘宝官方提供的免费 PC 端模板（见图 2-29），这些模板是可以永久使用的，单击【马上使用】就可以使用该模板进行装修了；如果需要更多的免费模板，可以单击页面下方的【装修模板市场】进入服务市场，在搜索框中输入"免费"，即可看到更多不同风格的免费模板，如图 2-30 所示。

图2-29　可用的模板页面

图2-30　服务市场页面

当需要个性独特的店铺模板时，可购买付费模板（按时效付费）。进入服务市场页面，根据旺铺版本、模板属性、行业分类、风格分类、色系分类、价格区域等不同需求选择相应的付费模板，然后选择相应时效，如选择【一季度】【半年】【一年】，最后单击【立即购买】即可使用该模板，如图 2-31 所示。

图2-31   付费模板页面

手机端模板的操作方法与 PC 端一致，在服务市场页面的搜索框属性中选择【无线店铺模板】[1]，即可找到手机端免费的或者付费的模板进行试用和购买使用，如图 2-32 所示。

图2-32   手机端模板

---

① 淘宝平台未对手机端、无线端的概念进行明确区分，存在混用现象。本书在不影响读者阅读的情况下尽量与平台界面保持一致。

三、设置店铺首页

在进行装修之前，应对首页进行整体布局规划，做到结构合理、特点突出。

（一）PC 端店铺首页布局管理

店铺首页布局应考虑以下三大因素：是否能让客户简单方便地找到自己需要的商品、是否吸引客户停留购买商品、店铺布局是否井然有序。

装修 PC 端店铺首页包括编辑基础模块和添加服务市场模块两部分。

下面以淘宝基础版店铺为例进行阐述，如需添加更复杂的功能模块，可到淘宝装修服务市场购买付费模块或升级店铺版本。

单击【千牛卖家中心】→【店铺管理】→【店铺装修】，在左侧列表中选择【基础页】→【首页】，然后单击【装修页面】查看及修改店铺首页的布局。

基础版店铺首页可分为店铺页头（店铺招牌、导航）、店铺页中（图片轮播、宝贝推荐、宝贝排行榜、宝贝分类、添加布局单元等）、店铺页尾（自定义内容区）等几大区域，如图 2-33 所示。卖家可以根据店铺需要添加友情链接、满返、红包、购物券、满减、悬浮导航等模块。

图2-33　店铺首页布局图

将鼠标停留在【添加布局单元】上，单击【+】可增加模块，单击某个模块右侧的【×】可删除当前鼠标所停留的模块，如图 2-34 所示。

图 2-34　删除基础模块

（二）PC 端店铺首页页面编辑

单击【千牛卖家中心】→【店铺管理】→【店铺装修】，在左侧列表中选择【基础页】→【首页】，然后在页面顶部单击【页面编辑】，即可进入页面各模块的编辑状态。将鼠标停留在某模块右上角，单击【编辑】即可进入对应模块的编辑区，如图 2-35 所示。其他模块的编辑方式与此相同。

图 2-35　模块内容编辑

首页主要模块内容：

店招设计

（1）店招模块：是店铺品牌广告区域，用来展示店铺名称、店铺文化、经营项目、商品特色等，是店铺装修设计的重点内容之一。通过店招可以告诉客户店铺出售的是什么、店铺风格及定位。建议采取简短醒目的广告语和 Logo，增强店铺的认知度。图 2-36 为某淘宝店的店招，背景干净简洁，Logo、广告语、产品促销信息突出，让人印象深刻。

图 2-36　店招示例

（2）首页导航模块：店铺首页不仅可以有效地引导购物，还可以推荐商品，其布局非常重要。首页导航一般有 3 种类型：第一种是根据店铺的主营商品风格进行系列分类，如图 2-37 所示；第二种是根据商品功能或型号进行分类，如图 2-38 所示；第三种是根据商品特性（如特价商品、新品、热卖商品等）进行分类，如图 2-39 所示。

图 2-37 主营商品风格导航

图 2-38 产品功能或型号导航

图 2-39 产品特性导航

（3）宝贝推荐模块：用来展示店铺商品，为系统自动添加的模块。

（4）宝贝分类模块：为了方便客户查找商品而设置。分类不是越多越好，其原则是清晰、简单，符合客户的搜索习惯。新品、特价商品、促销商品的分类尽量放在靠前的位置；分类方式可自由选择、自由搭配，如一级分类按照商品属性划分，二级分类按照商品风格划分。商品分类要方便客户挑选商品，不要出现无商品的分类，应做到清晰明了、一目了然。图 2-40 所示为一些商品的分类示例。

图 2-40 商品分类示例

（5）搜索店内宝贝模块：方便客户快速找到商品，为系统自动添加的模块。

（6）自定义区：用来展示店铺新品、优惠政策、促销信息等内容，属于可选模块之一。该区域常用作促销区，如同线下店铺的橱窗一样，它是整个店铺的形象窗口，传达店铺的品牌形象、促销活动等重要信息。设计促销区要突出重点，充分体现店铺服务、品质、价格、品牌等的不可替代性。

（三）手机端店铺首页布局管理

装修手机端店铺首页可采用免费模板和付费模板。免费模板为基础模板，可满足卖家的基本需求。付费模板提供的功能模块与设计内容较免费模板多一些。

下面以淘宝官方提供的免费模板为例进行阐述，如需添加更丰富的设计模板，可到模板市场购买付费模板。

单击【千牛卖家中心】→【店铺管理】→【店铺装修】→【手机端】，选择页面上方的【一键装修首页】，可根据店铺风格使用淘宝官方提供的免费模板，如图2-41所示。

图2-41　淘宝官方手机端店铺首页模板

单击【千牛卖家中心】→【店铺管理】→【店铺装修】→【手机端】,选择【装修页面】（见图 2-42）进入首页布局页面。手机端店铺首页可根据店铺需求自行添加模块，而且可供选择的装修模块比较丰富，分别有宝贝类（智能双列、智能单列宝贝、猜你喜欢等）、智能人群类（人群优惠券、人群商品榜单、人群货架等）、图文类（镇店必买、视频模块、新老客户模块等）、其他类（单列左图右文推荐商品、双列带推荐文案商品、留边轮播图等）和营销互动类（聚划算组件、淘宝群模块、倒计时模块等）五个类型模块，如图 2-43 所示。手机端店铺首页同样不是模块越多越好，而是要根据展示店铺的风格、突出产品、突出促销、促进购买等多方面考虑进行布局设置。

图 2-42　手机端店铺首页装修选项

图 2-43　手机端店铺首页装修模块

（四）手机端店铺首页页面编辑

（1）手机端店招模块的内容编辑：在手机端编辑器顶端右侧的属性框中，单击【店铺招牌】→【上传店招】即可上传店招图片，如图 2-44 所示；然后，单击【搜索栏】→【设置搜索】即可设置搜索关键字和热门推荐词，设置成功 2 天后可在客户端上生效。

图 2-44　上传店招

（2）其他模块的内容编辑：需要增加模块时，可用鼠标拖移模块到手机端编辑器中。编辑内容时，单击该模块，模块右侧会出现属性栏，按要求设置属性栏的内容，并单击【保存】即可，如图 2-45 所示。模块之间的排序可通过模块右侧的上下箭头调整，需要删除模块时可单击右侧的垃圾桶图标。

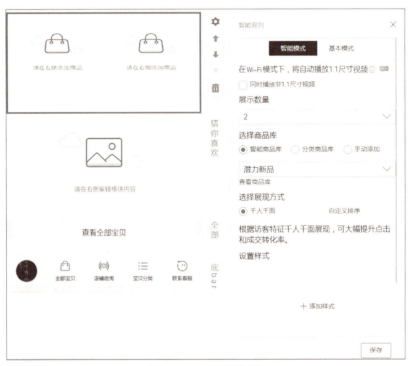

图 2-45　编辑模块

当所有设置完成后，单击页面上方【预览】查看店铺装修效果。单击【发布】后，店铺装修设置才会在客户端生效。

四、设置商品详情页

商品详情页是客户了解商品详细参数及细节的页面，也是整个商品销售的重点，能够完整清晰地展现出商品的特色、产地、证书等内容，有助于提高商品的转化率。商品详情页的装修分为 PC 端店铺商品详情页装修和手机端店铺商品详情页装修。手机端店铺商品详情页可以由 PC 端发布商品以及编辑详情页时一键生成。

（一）PC 端店铺商品详情页布局管理

单击【千牛卖家中心】→【店铺管理】→【店铺装修】，在左侧列表中选择【宝贝详情】→【默认宝贝详情页】，然后在页面顶部单击【PC 端】→【装修页面】查看及修改详情页的布局，如图 2-46 所示。

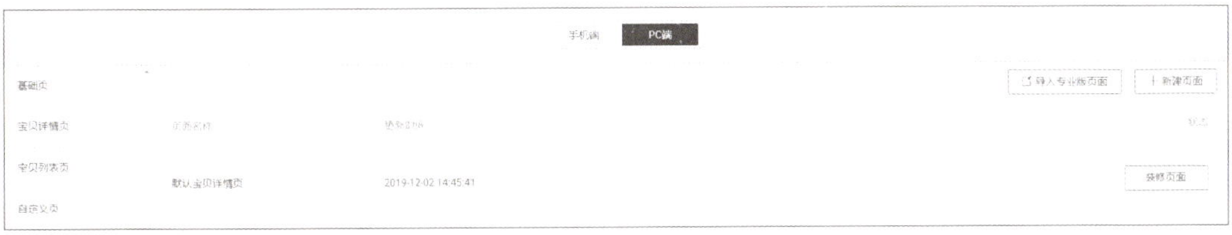

图 2-46　PC 端店铺商品详情页装修

基础版店铺商品详情页默认整体布局为：页头（店铺招牌、导航）、页中（宝贝分类、宝贝排行榜、宝贝推荐、宝贝基础信息、宝贝描述信息、自定义内容区、宝贝相关信息）、页尾（自定义内容区）三个区域，如图 2-47 所示。常见的商品详情页布局，如图 2-48 所示。

图 2-47　商品详情页布局图

67

图2-48　常见的商品详情页布局

商品详情页除了上述基础模块,还可自行增加的模块有:旺铺关联、客服中心、充值中心等。增删模块的方法与店铺首页模块编辑相同。

（二）PC 端店铺商品详情页面编辑

在编辑页面添加模块,并单击【编辑】即可对相关模块进行编辑,如图 2-49 所示。

图2-49　编辑模块

商品详情页主要模块内容:

商品详情页中需要特别重视的是页中部分。

（1）商品整体展示:商品整体展示可以采用"整体图 + 具体参数"或"整体图 + 整体介绍"两种方式,如图 2-50、图 2-51 所示。

商品整体图一般为正面图或侧面图,通过大图可以对产品有直观整体的了解。

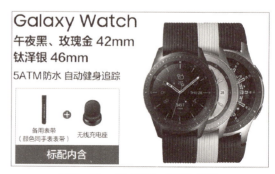

图2-50　整体图+具体参数

图 2-51 整体图 + 整体介绍

（2）商品详情展示：详情展示也称细节展示，是对商品进行图片、文字结合的描述，一般会采用多角度、全方位的多图来详细说明商品的颜色、规格、功效等信息，突出商品卖点，激发客户的购买欲。

商品详情展示在图文布局上常采用"多角度组合""上图下文""细节放大""标尺说明""结构展示"等方式，如图 2-52 ～图 2-56 所示。

网店商品图片美化

图 2-52 "多角度组合"方式

图 2-53 "上图下文"方式

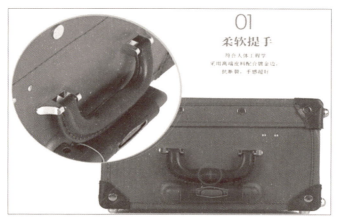

图 2-54 "细节放大"方式

图 2-55 "标尺说明"方式

小置物袋

ZEAL Logo

高韧度扣带

隔层网袋

高密度仿真布料

图 2-56 "结构展示"方式

（3）通用内容展示：常见的通用内容有服务保障、购买须知、快递说明、产品知识等。现在的客户

关于快递 ABOUT EXPRESS	VIP会员制度 MEMBERSHIP SYSTEM	买前须知 INSTRUCTIONS FOR BUYING
本店默认发申通快递，发EMS快递需要补运费差价，发顺丰快递需到付运费	新品24小时内下单免运费 所有产品24小时内发货	本店所有图片采用实物拍摄，但仍存在色差可能，请以实物为准

图 2-57 通用内容展示一

越来越重视商品质量及售后服务，通用内容的展示及所带来的转化量不可忽视。这部分内容因描述较多，通常采用文字展示方式，如图 2-57、图 2-58 所示。

购物须知	实物拍摄	关于快递	退换须知
上架宝贝即有货可直接拍；购买后发现问题不要轻易差评，请及时联系客服。	本店所有宝贝均为实物拍摄，但仍可能存在色差，对色彩要求高的买家慎拍。	默认发韵达快递，如需其他快递，请提前联系客服。本店48小时内发货。	如因个人原因可自理来回运费退换；如有质量问题，本店承担退换运费。

图 2-58 通用内容展示二

（三）手机端店铺商品详情页页面编辑

当 PC 端店铺商品详情页设置好后，手机端店铺商品详情页可以由 PC 端店铺商品详情页一键生成,具体操作如下：单击【千牛卖家中心】→【宝贝管理】→【发布宝贝】，编辑好商品参数，输入文字描述并插入细节图片后，在商品发布页面的最下方单击【导入电脑端店铺商品描述】，即可生成手机端店铺商品详情页，如图 2–59 所示。

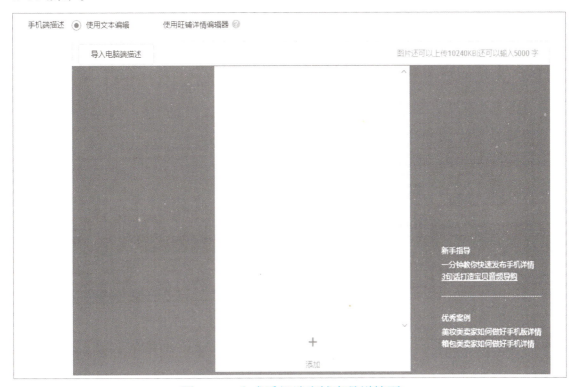

图 2–59　生成手机端店铺商品详情页

⚙ 平台拓展

速卖通店铺装修

速卖通店铺与淘宝店铺一样，需要用心装修店铺首页和详情页，才能使店铺的品牌形象脱颖而出。下面将通过确定店铺风格与配色、选择店铺模板、设置 PC 端店铺首页及详情页、设置无线端店铺首页及活动页来介绍速卖通店铺装修技巧。

一、确定店铺风格与配色

速卖通店铺风格的重要性与淘宝店铺无异。店铺的整体风格像一张名片，给人留下重要的第一印象。店铺风格应该和店铺名称相互呼应，当店铺主营商品较多时，可以选取其中占比最大的商品的风格作为主风格。

确定店铺风格后，就要确定适合店铺的主题色系了。以服装为例，服装背景色通常以纯色为主，背景要干净、无杂物，且店铺各商品的背景统一，这样可以让客户的注意力集中在商品上，而不是背景上。

二、选择店铺模板

登录速卖通卖家账号后，单击【卖家入口】→【卖家后台】→【店铺】→【店铺装修及管理】，选择合适的店铺模板进行编辑。

装修市场提供了丰富的店铺装修模板，单击【首页装修】，里面有按主题、类目分类的模板，单击选择喜欢的模板即可进入装修页面。

三、设置PC端店铺首页及商品详情页

为提高装修效率，店铺装修后台为卖家提供了一键智能装修店铺首页的功能。登录速卖通账号，进入我的速卖通页面，单击【店铺】→【店铺装修及管理】，选择【使用智能首页并立即发布】→【一键智能装修】，进行装修布局。

首页装修布局好后即可进行店招编辑，单击【店铺招牌】，在右侧属性栏中设置店铺名称、店铺 Logo、自定义背景图等内容，如图 2-60 所示。

图 2-60　店招编辑

在轮播图模块中，单击【上传图片】，可以上传最多 5 张图片，所有图片高度默认以第一张图片高度为准，如图 2-61 所示。

图 2-61　图片轮播编辑

产品列表模块可以展示 2 ~ 24 个产品，选择产品方式支持自动选品和手动选品，选择出来的产品可进行排列，如图 2-62 所示。

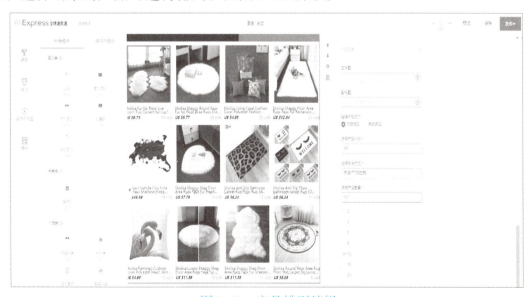

图 2-62　产品排列编辑

在编辑页面时可以根据展示需求增减对应的功能模块。装修操作过程中注意单击【保存】，操作完毕后务必预览店铺页面，最后单击【发布】，系统会在确认发布后缓存 1 分钟左右。发布成功的店铺装修页面大约 5 分钟后生效，生效后在客户端才可见。

四、设置无线端店铺首页及活动页

单击【店铺】→【店铺装修及管理】→【无线店铺】→【进入装修】。无线端装修主要包括两种页面：一是无线端店铺首页，二是无线端店铺活动页。

（一）设置无线端店铺首页

（1）编辑首页店招：当鼠标移到店招模块时，单击【编辑】进入设置，如图2-63 所示。未设置店招前，系统会展示一个统一的默认店招。店招模块只能编辑，不能删除或调整位置。

图 2-63　编辑无线端店铺首页店招

（2）添加首页模块：当鼠标移到除店招和不可编辑的模块以外的任何一个模块上时，都可以单击【添加模块】，即在无线端店铺首页添加模块。

（二）设置无线端店铺活动页

单击【店铺】→【店铺装修及管理】→【无线店铺】→【进入装修】→【无线活动页面】→【添加主题活动】，即可添加无线端店铺活动页。进入活动页可以对各模块进行编辑。

🗨 知识链接

一、淘宝PC端店铺装修模块的尺寸

（1）店招：全屏宽度为 1 920px，普通店招宽度为 950px，高度为 120px。

（2）海报：宽度为 950px，高度为 800px。

（3）促销图：宽度为 950px，高度为 400px。

（4）自定义区：宽度分为 950px、190px、750px 三种。

（5）详情页：宽度为 790px，高度不限（高度需要考虑常规显示器高度 600px 为一屏）。

二、淘宝手机端店铺装修模块的尺寸

（1）店招：宽度为 750px，高度为 580px。

（2）单列图片：宽度为 750px，高度为 200 ～ 950px。

（3）轮播图：宽度为 750px，高度为 200 ～ 950px。

🔲 实战应用

任务 1：淘宝店铺装修。

要求：登录自己的淘宝店铺，根据店铺所售商品确定装修风格与配色，选择合适的装修模板，设置店铺首页及商品详情页，完成店铺装修，达到视觉营销的目的，让更多的人关注和收藏店铺，完成表 2-4 的填写。

表 2-4　淘宝店铺装修实战记录表

序　号	实　战　任　务	具　体　要　求	实　战　记　录
1	确定店铺风格与配色	根据店铺商品确定合适的装修风格和配色方案	
2	选择装修模板	根据店铺风格及配色选择合适的模板	
3	设置店铺首页	独立完成PC端及手机端店铺首页的装修，配色和谐，布局合理	
4	设置商品详情页	独立完成PC端及手机端店铺商品详情页的装修，配色和谐，布局合理	

任务 2：速卖通店铺装修。

要求：登录速卖通店铺，根据店铺商品确定装修风格与配色，选择合适的装修模板，设置店铺首页、商品详情页、活动页，完成店铺装修，达到视觉营销的目的，让更多的人关注和收藏店铺，完成表 2-5 的填写。

表 2-5　速卖通店铺装修实战记录表

序　号	实 战 任 务	具 体 要 求	实 战 记 录
1	确定店铺风格与配色	根据店铺商品确定合适的装修风格和配色方案	
2	选择店铺模板	根据店铺风格及配色选择合适的模板	
3	设置PC端店铺首页及商品详情页	独立完成PC端店铺首页及店铺商品详情页的装修，配色和谐，布局合理	
4	设置无线端店铺首页及活动页	独立完成无线端店铺首页及活动页的装修，配色和谐，布局合理	

课后作业

1. 紫色给人（　　　　）的感觉。

   A. 自然清新

   B. 沉重

   C. 神秘高贵

   D. 热情奔放

2. 不属于导航类型的是（　　　　）。

   A. 根据店铺的主营商品风格设置导航

   B. 根据商品功能或型号设置导航

   C. 根据商品特性设置导航

   D. 根据商品颜色设置导航

3. 淘宝店铺商品的详情页展示大多采用图片方式，分为（　　　　）。

   A. 商品主图

   B. 细节特写图

C. 多角度图

D. 功能信息图

4. 常见的店铺风格与配色有哪些？化妆品类店铺常采用哪种配色方案？

5. 淘宝店铺首页主要包含哪些模块？

6. 淘宝店铺商品详情页主要包含哪些模块？

🔲 任务评价

类别	序号	考核项目	考核内容及要求	分值 / 分	学生自测	学生互测	教师检测	分数
技术考评（80分）	1	质量	根据店铺商品确定合适的装修风格和配色	10				
	2		根据店铺风格及配色选择合适的模板	10				
	3		独立完成淘宝PC端店铺及手机端店铺的装修,配色和谐,布局合理	30				
	4		独立完成速卖通PC端店铺及无线端店铺的装修,配色和谐,布局合理	30				
非技术考评（20分）	5	态度	学习态度端正	5				
	6	纪律	遵守纪律	5				
	7	协作	团队合作状况良好	5				
	8	文明	保持安静,清理场所	5				
总分:								

任务3 安全管理

网络安全是互联网的孪生兄弟，从互联网诞生的那一天开始，就伴随着它一同成长。安全管理作为店铺日常管理中的一项任务，有着非同寻常的意义，它是卖家在互联网上安心运营的基本前提，安全工作没有做好，有可能造成巨大的经济损失。通过本任务的学习，你将学会一步步打造店铺的牢固护盾。

 **案例学习**

淘宝新手卖家遭遇骗局

"亲，怎么无法支付呀？我截个图过去给你看。""由于店铺存在安全隐患问题，系统暂时限制卖家交易……"昨日，邓女士淘宝店铺开张第一天就有生意上门，买家拍下商品无法付款并要求使用 QQ 联系，随后又有"阿里旺旺客服"主动联系，如图 2-64 所示。按照"客服"的提示，邓女士一步步操作，当"客服"要求她向某支付宝账号转入安全保障金的时候，她突然心生疑惑，上网一搜才发现类似的情况很多，原来这是骗子精心设计的一个骗局。邓女士果断报警，及时避免了被骗的风险。

图2-64 骗子发来的截图

本案例中，邓女士保持了足够的警惕性，在骗子要求转账时产生了怀疑，通过网络查询相关资料识破骗局，避免了损失。但不少淘宝新手卖家因为不熟悉淘宝规则，缺乏足够的警惕性而上当受骗。以下是淘宝卖家常遇到的四类骗局以及破解方法。

一、假冒淘宝官方客服

使用虚假淘宝官方客服账号诱骗卖家打款是行骗环节中最重要的一环，因此骗子在行骗之前都会注册一些带有欺骗性质的账号，如"隐患安全审核员068""淘宝网在线纠纷调解员021"等。

应对策略：细心判断淘宝小二的身份真伪，淘宝小二的旺旺信息中有明显的橙色标志。一般情况下，淘宝小二不会通过旺旺主动联系卖家，更不会索取卖家信息及密码，如联系到你，应先确认旺旺标志。淘宝小二不会通过千牛以外的聊天工具联系卖家，不要轻易相信以收取"保证金"、开通"假一赔三"、开通"七天包退换"服务为由，要求卖家交钱或者升级账户等骗局。

二、"卖家账户未授权"骗局

新手卖家对淘宝的购物、投诉流程不熟悉，是骗子行骗的主要目标。骗子会通过相关搜索工具，搜索新注册开张的淘宝店铺，然后下单购买商品，进而行骗。

应对策略：不要相信任何以"买家支付被限定""卖家账户需要升级"或"卖家账户存在安全隐患"等要求添加 QQ、微信的信息。不要通过千牛以外的聊天工具与陌生人沟通。当创建好店铺时，淘宝网已经明确提示卖家如何防骗，新手卖家应仔细阅读该公告，如图 2-65 所示。

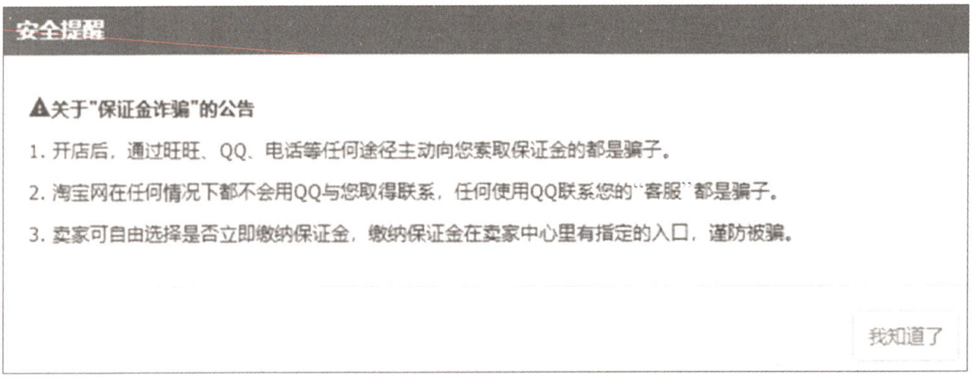

图 2-65　淘宝网安全提醒

三、专业差评师骗局

开店过程中常会遇到一些被称为"专业差评师"的买家，他们给卖家的好评率极低，通常会在店内寻找价格便宜的商品拍下付款，待收货后就以各种莫明其妙的理由给予差评，而他们的目的就是利用差评敲诈卖家钱财。新开店铺通常是"职业差评师"眼中的肥羊。

应对策略：将计就计，满足差评师的要求，让他们露出马脚；然后尽量引导他们明确讲出修改差评的条件，留下证据；保留聊天截图，收集证据后向淘宝客服投诉并反映情况，同时发布在其他渠道上，如论坛、贴吧等让同样的受害者联合起来进行抵制。

四、同城交易骗局

骗子先在店里拍下一款商品，然后以各种理由改成同城线下交易，同时与卖家约定好交易时间和地点。新手卖家往往看到买家已经付款，就同意了同城交易。骗子收到商品后立即以"没收到货"为由申请支付宝退款，这时由于卖家没办法提供发货凭证，淘宝网无法核实是否发货，只能退款。

应对策略：发货之前必须保留千牛聊天记录（不通过千牛以外的工具沟通协商），以备举证时用。如果确实因为特殊情况进行同城线下交易，买家付款后先在后台进行发货操作，在当面交易时要求买家当面进行网上确认收货操作，并保留买家收货签名字据。只要通过支付宝交易，遵循淘宝网正常交易发货流程，就可防止此类骗局。

⚙ **平台拓展**

卖家在速卖通平台上常遇到的安全问题

一、代运营骗局

在这类骗局中，骗子首先租用宽敞的办公场所，然后大量投放广告伪装成极具实力的代运营公司。卖家找上门后，骗子会给出极优厚的合作条件，如年费29 800元，承诺迅速提高销售额，如果实现不了就按照实际销售额比例退款。而实际上一旦签订合同，缴纳年费，骗子便会以各种理由故意拖延时间，不去运营。如果卖家催促，骗子会以各种理由要求卖家缴纳广告费、服务费等。如果卖家选择不继续合作并要求退还年费，骗子就找出合同中设置好的带有欺诈性的条款进行解释，以此威胁卖家。

应对策略：卖家应脚踏实地，不要求财心切，企图通过捷径成功往往会上当受骗。卖家除了应该实地考察合作伙伴的办公场所，还应多方考察其实力，签订合同前应认真阅读条款，并咨询专业人士，以防合同中隐藏的欺诈性条款。

二、第三方账户诈骗

这种骗局一般为团伙作案，分工明确。首先骗子 A 以采购商身份询单、下单，此时一切正常，但付款时款项会从骗子 B（第三方）的账户打过来。很多卖家在收款时会忽略付款方，认为只要钱款到账就高枕无忧了。在卖家发货、骗子 A 提走货物后，骗子 B（第三方账户所有者）去报案，声称自己受骗，把钱打到了卖家账户上。此时，骗子 A 已经销声匿迹，留下的证据是钱从第三方账户打至卖家账户，以及卖家被指控涉嫌欺诈的事实。这将导致卖家陷入无尽的烦扰，除非将钱全数退回。

应对策略：第三方账户打款往往存在很大的风险，卖家应避免出现这种情况。开展任何合作之前，应尽可能考证对方的实际情况，在签订合同时需谨慎，最好在合同中注明双方身份、指定账户信息等。

三、PayPal钓鱼诈骗

这类骗局是钓鱼者以买家身份向卖家询问某个涉嫌侵权的产品批量销售的价格，假意透露出价格不是问题。如果卖家抵挡不住高利润的诱惑，本来没有销售这些产品，却通过渠道搜索货源。此时骗子会说类似款产品也可以，只要带某品牌 Logo 就行。交易时骗子要求卖家使用 PayPal 收款，要求开具发票，并要求在发票上注明卖家的 PayPal 账号和商标名称。待卖家发货后，骗子会以侵犯知识产权罪举报卖家，并提供发票证据，法院将冻结卖家的 PayPal 账号。对于卖家而言，打一场跨国官司将耗费巨大的心力，一般选择放弃打官司，钱就会因为卖家败诉而退回骗子处。这时卖家发出的产品早已经到达骗子手中，货款也返回到骗子手中，相当于卖家白送了一批产品。

应对策略：卖家应加强对国际市场的把握，如产品质量、知识产权、品牌意识等。卖家应诚信经营，遵纪守法，不做侵权交易，不被利益诱惑，就不会铤而走险，也不会上当受骗。另外，尽量选择国内的支付工具，即便使用 PayPal 也不要在其中存放太多资金。

知识链接

为了保证店铺的安全，在保持警惕性的同时，还要掌握相应的安全知识。同时，为保证网店的顺利运营，还应该制订相应的安全保密制度，对网店的运营成本（进货渠道）、分销商（客户资料）、发展规划（营销计划）等商业机密资料的存储进行规定。

网店管理安全知识

在店铺管理中涉及的安全知识可用图 2-66 所示的思维导图表示。

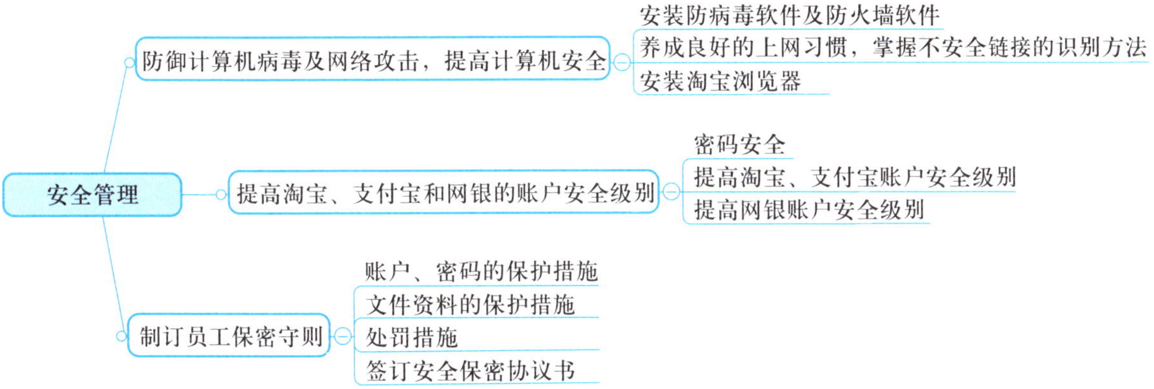

图 2-66　安全管理知识思维导图

一、防御计算机病毒及网络攻击，提高计算机安全

（一）安装防病毒软件及防火墙软件

网络中充斥着各种各样的病毒和黑客，安装防病毒软件和防火墙软件可以有效地保护计算机不受病毒和黑客的攻击，保护计算机中存储的资料、账户密码的安全。

360 网站提供免费的杀毒、网络防火墙软件，可下载安装，如图 2-67 所示。

360 安全卫士可以有效地防范网络攻击，同时可以对操作系统进行检测，找到操作系统及应用软件中的安全漏洞并提醒用户下载安装相关补丁，提高计算机安全，如图 2-68 所示。

图 2-67　下载 360 安全卫士及 360 杀毒软件

图 2-68　360 安全卫士安全体检

（二）养成良好的上网习惯，掌握不安全链接的识别方法

不轻易单击 QQ、阿里旺旺中别人发来的链接，不轻易下载 QQ、阿里旺旺中别人发来的文件及邮件中的附件。

阿里旺旺会自动对聊天窗口中出现的网页链接进行识别，淘宝、支付宝网站内的链接会在链接前出现绿盾标志，属于安全链接，如图 2-69 所示。

不属于淘宝、支付宝网站内的链接则会出现黄盾标志。如图 2-70 所示，该买家提供的链接不属于淘宝网，是骗子精心制作的"钓鱼网站"。淘宝网的地址一定会有"taobao.com"的字样，假链接有可能对此进行伪装，如"taobao.acucdcc.co"。

在 QQ 中也有同样的相关显示设置，分别使用绿盾与蓝盾进行区分，如图 2-71 所示。

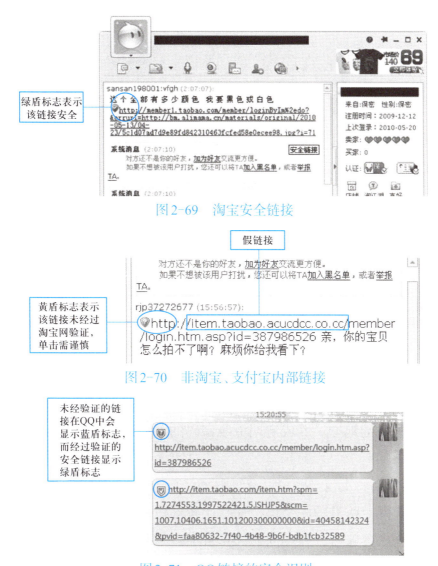

图 2-69　淘宝安全链接

图 2-70　非淘宝、支付宝内部链接

图 2-71　QQ链接的安全识别

当好友在未事先说明的情况下向你发送文件时，最好与好友联系进行核对，以防止好友 QQ（阿里旺旺）被盗后盗号者向你发送经过伪装的木马程序，以窃取你的账号信息。

（三）安装淘宝浏览器

在淘宝浏览器的地址栏中会显示该网址的安全验证情况，防止访问钓鱼网站，如图 2-72 所示。特别是通过网络进行付款时一定要注意是否出现"安全支付"的显示。

图 2-72　淘宝浏览器链接安全验证情况

二、提高淘宝、支付宝和网银的账户安全级别

（一）密码安全

淘宝登录密码、支付宝登录密码和支付密码、网银支付密码设置不要相同，且应具备足够的复杂度。一般来说，密码至少由 8 位字符组成，不要使用账号名、姓名、生日、手机号码等容易被猜出的字符。最好使用"字母 + 数字 + 符号"的组合，以提高密码的安全强度。不要把密码以文本方式保存在计算机、钱包这类容易被攻击、丢失的地方。养成定期更改密码的习惯，若有员工离职，则要对相关密码进行更改。

（二）提高淘宝、支付宝账户安全级别

目前，淘宝网对账号的安全保护还是比较到位的，只要是绑定手机号码、申请支付宝数字证书的账号，在不同的计算机上登录时都会要求重新安装数字证书（需输入手机验证码）。所以，只要进行了相关的设置，就能很大程度上杜绝账号被盗的风险。

登录淘宝网后，单击【我的淘宝】→【账户设置】，在打开的页面中对"密保问题""手机绑定""手机动态密码"等进行设置以提高淘宝账户的安全级别，如图 2-73 所示。

登录支付宝网站，单击【账户设置】，可对支付宝账号的安全保护问题进行设置，如图 2-74 所示。

您的安全服务

	身 份 认 证	用于提升账号的安全性和信任级别。认证后的有卖家记录的账号不能修改认证信息。	
已完成			
强度：强	登 录 密 码	安全性高的密码可以使账号更安全。建议您定期更换密码，且设置一个包含数字和字母，并长度超过6位以上的密码。	**修改**
已设置	安全保护邮箱	不同于登录邮箱。当您选择"安全保护问题"找回密码时，填写正确的问题答案后，我们会将新密码发到您的安全邮箱。	**查除**
未设置	密保问题	是您找回登录密码的方式之一。建议您设置一个容易记住，且最不容易被他人获取的问题及答案，更有效保障您的密码安全。	**设置**
已绑定	手 机 绑 定	绑定手机后，您即可享受淘宝丰富的手机服务，如手机登录、手机找回密码、开通手机动态密码等。	**已绑定**
未开通	手机动态密码	开通以后，只需要在登录页面选择"使用手机号码登录"，发送短信获取手机动态密码，便可使用该手机号和对应动态密码登录。	开通

图2-73 淘宝账户安全设置

图2-74 支付宝账户安全设置

　　管理支付宝数字证书：单击【安全设置】→【管理】即可对数字证书进行设置，如图 2-75 所示。

图2-75　支付宝数字证书

　　如图 2-76 所示，该账号之前已申请安装过数字证书，当账号在另一台计算机上登录时就会出现如图所示的提示。如果不在该计算机上安装数字证书，是不能进行"转账""提现"等与资金相关的操作的。

图2-76　管理数字证书

　　单击【安装数字证书】，进入如图 2-77 所示的界面，按照向导要求输入绑定手机接收到的验证码即可完成数字证书的安装操作。

图2-77　安装数字证书

（三）提高网银账户安全级别

网银在开通时最好选用 U 盾、支付盾等硬件安保措施，绑定手机并使用手机动态密码，如图 2-78 所示。

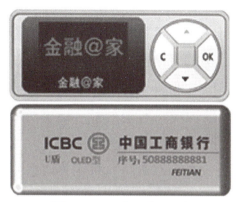

图 2-78　工行网银 U 盾

三、制订员工保密守则

为保护店铺的账户、密码安全及商业资料的安全，应制订相应的安全保密制度及处罚措施并强制执行。保密制度应包括以下几方面的内容，具体要求可根据网店经营的具体情况进行调整。

（一）账户、密码的保护措施

应涉及所有账号、密码的存储方式，相关负责人的权限，客服及其他工作人员的账号分配方式，员工离职后账号密码的收回、更改方式等。

（二）文件资料的保护措施

网店的运营成本（进货渠道）、分销商（客户资料）、发展规划（营销计划）、店铺近期的供销活动、店铺内部发生的危机、直通车关键词、畅销品及有效活动等商业机密都会以文件形式进行保存。此类文件应指定专人按特定方式进行保存，并制订员工离职后对在职期间接触的保密文件和资讯应尽的保密责任等。

（三）处罚措施

对在职员工、离职员工发生泄密事件时采取的相应措施。

（四）签订安全保密协议书

对保密制度要形成协议书，要求入职员工签订并遵守，以保证店铺拥有追究泄密者法律责任的权利。

实战应用

任务 1：淘宝店铺安全管理操作。

要求：

（1）安装 360 安全卫士，为计算机进行体检并修补漏洞。

（2）安装淘宝浏览器，并打开不同网址查看浏览器对链接的安全验证情况。

（3）为你的淘宝店铺制订一份安全保密协议。要求排版整齐、美观，格式正确。

任务 2：速卖通店铺安全管理。

要求：除了本书中提到的骗局，请自行查阅资料，找一找在使用速卖通时还可能遇到哪些骗局，并提出一些应对策略，将相关信息填入表 2-6 中。

表 2-6　速卖通店铺常遇骗局及解决策略

序　号	速卖通店铺常遇骗局	应 对 策 略
1		
2		
3		

课后作业

1. 淘宝卖家可能遇到的四类骗局是什么？

2. 上网搜索相关信息，查找两个针对淘宝卖家的行骗方式并记录行骗基本流程。针对这些骗局提出相应的应对策略。

任务评价

类别	序号	考核项目	考核内容及要求	分值/分	学生自测	学生互测	教师检测	分数
技术考评（80分）	1	质量	了解并警惕网店诈骗的四类骗局	20				
	2		了解防御计算机病毒及网络攻击的途径	20				
	3		能够调整提高自己的淘宝、支付宝和网银的账户安全级别	20				
	4		能够以安全保密协议书的方式制订网店员工保密守则	20				
非技术考评（20分）	5	态度	学习态度端正	5				
	6	纪律	遵守纪律	5				
	7	协作	团队合作状况良好	5				
	8	文明	保持安静，清理场所	5				

总分：

■ 项目3 数据营销

项目导入

  数据营销是在数据分析的基础上开展精准的营销推广活动。数据营销工作主要是采集和积累运营数据、商品数据、市场数据等大量基础数据信息，利用数据处理工具（如 Excel）对数据进行分类、排序等处理，然后运用数据分析方法对处理后的数据进行分析，指导完成关键词挖掘、卖点挖掘、标题与详情页优化、搜索引擎推广等工作。除此之外，还需要对数据指标进行日常监控和记录，预测或判断消费者的购买行为，挖掘平台运营的规律，完成精准的商品定位，从而有针对性地制订营销方案，获取流量，并引导消费者下单。

  数据营销项目包括四个任务，依次是：卖出商品、提高销量、打造爆款商品、建立品牌。"任务1 卖出商品"要求在店铺基础类数据分析的基础上，选出引流商品并进行优化，从而卖出商品；"任务2 提高销量"要求通过对商品点击量、展现量、点击率、转化率、投入产出比等数据的合理分析，使用付费营销工具提高销量；"任务3 打造爆款商品"要求通过筛选、测试选出爆款商品，进行商品优化及活动推广，从而打造爆款商品；"任务4 建立品牌"要求熟悉平台的品牌申请、入驻规则，扩大店铺的影响力。

学习目标:

1. 遵守电子商务法对数据分析、店铺运营方面的规定,提高"重质量、求效率"的工作意识。

2. 了解店铺基础类数据的定义,了解直通车涉及的数据定义。

3. 能够采集店铺基础类数据、直通车相关数据,进行数据处理、数据分析、数据监控等工作。

4. 能够根据数据分析结果选出引流商品,调整运营方案,抓住新店扶持的机会卖出商品,进而提高销量,打造爆款商品,建立品牌。

任务1 卖出商品

卖出商品的关键是店铺拥有流量。获取流量的方式主要有两种：一种是通过优化店铺获取免费流量（也称自然流量），另一种是通过付费工具获取流量。对店铺而言，获取免费流量是店铺最重要、最基础的工作；而通过付费方式获取流量需根据店铺在不同时期、不同商品、不同营销目标及不同资金实力的情况下酌情投入。本任务是在分析店铺基础数据的基础上，通过优化引流商品，提高店铺的自然流量，从而吸引客户促成交易，卖出商品。

案例学习

果二妹水果坊之"火龙果"引流

果二妹水果坊是一家淘宝两钻店铺，首页如图3-1所示，主营热销水果。果二妹水果坊开店初期日均流量达30人左右，在节假日或淘宝大促活动时日均流量可达100人左右。果二妹水果坊自新店开始，利用店铺基础数据分析选择、优化引流商品，从而获取自然流量，逐步成长为两钻店铺。

果二妹水果坊的具体操作如下：

图3-1　果二妹水果坊店铺首页

一、分析店铺基础数据选出引流商品

（一）了解自家店铺流量，全面掌握店铺基础数据

单击【千牛卖家中心】→【数据】→【生意参谋】→【流量】，可以查看店铺实时、1 天、7 天、30 天等时间段的流量数据，包括访客数、浏览量、跳失率、人均浏览量、平均停留时长、老访客数、新访客数、关注店铺人数，这些数据反映了店铺流量的基本情况。

如图 3-2 所示，果二妹水果坊在过去的一周里，访客数 97、浏览量 189、跳失率 73.13%、人均浏览量 1.85、平均停留时长 14.16、老访客数 7、新访客数 96，店铺的流量比较小。

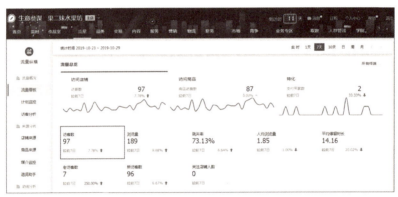

图 3-2　果二妹店铺流量数据图

（二）对比商品流量排行，确定备选引流商品

单击【千牛卖家中心】→【数据】→【生意参谋】→【流量】，查看"商品流量排行 TOP10"板块，这个板块显示的是店铺中流量前 10 名的商品。

如图 3-3 所示，果二妹水果坊里流量最高的五种商品是火龙果、雪莲、柿子、杏、苹果，可将这五种商品列为备选引流商品。

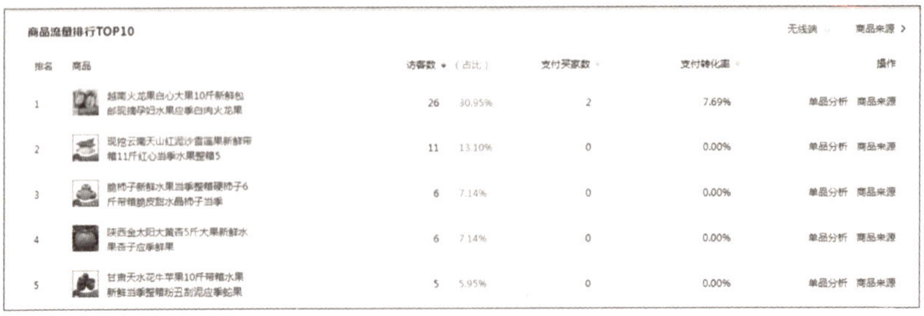

图 3-3　果二妹水果坊"商品流量排行 TOP10"板块

（三）对比同行优秀店铺数据，确定引流商品

单击【千牛卖家中心】→【生意参谋】，查找"行业排行"板块，这个板块显示的是同行排名前 100 的店铺、商品、搜索词的信息，从商品的排名中可以分析出目前哪些商品受欢迎，如图 3-4 所示。

图 3-4　"行业排行"板块

从"行业排行"板块中可以看到与果二妹水果坊备选引流商品重合的商品是苹果与火龙果，因火龙果的货源比苹果的货源更优良，果二妹水果坊选定火龙果为引流商品。

从备选引流商品中选出引流商品的策略有以下三点：

（1）选价格相对比较低的商品。由于新店销售记录少，很难让客户信任，价格低可以满足客户试试也不亏的心理。

（2）选质量过硬的商品。商品质量好才能得到客户的好评，对于新店来说好评非常重要，能够提高转化率。

（3）选物流相对方便的商品。如果客户首次购买店铺商品就碰到物流延迟问题，不仅可能给予差评，而且会让客户失去对店铺的信任。

二、优化引流商品

（一）优化引流商品名称

1. 保留自家商品流量高的关键词

单击【千牛卖家中心】→【数据】→【生意参谋】→【关键词排行 TOP10】，查看自家店铺排名靠前的关键词，在优化标题时将它们作为备选关键词。

如图 3-5 所示，可以保留"火龙果白心""火龙果""白心火龙果大果""火龙果白心大果 10 斤""火龙果 10 斤包邮""白心火龙果"作为备选关键词。

排名	关键词	访客数 ▾	浏览量
1	火龙果白心 较前7日	6 +200.00%	13 +160.00%
2	柿子新鲜 脆柿 较前7日	5 -	5 -
3	火龙果 较前7日	3 +200.00%	9 +350.00%
4	黄杏新鲜 5斤 较前7日	3 +200.00%	7 +600.00%
5	白心火龙果大果 较前7日	2 0.00%	8 +166.67%
6	火龙果白心大果 10斤 较前7日	2 0.00%	2 0.00%
7	水晶柿子 长安十二时辰 较前7日	2 +100.00%	2 +100.00%
8	白火龙果 10斤 较前7日	2 -	2 -
9	火龙果10斤包邮 较前7日	2 0.00%	2 0.00%
10	白心火龙果 较前7日	2 0.00%	2 0.00%

图 3-5   果二妹水果坊"关键词排行 TOP10"

2. 找出同行流量高的关键词

打开淘宝网首页，在搜索框中输入"火龙果"，查看近期与火龙果相关且流量高的关键词，找出与商品相关的关键词作为备选关键词。

如图 3-6 所示，与火龙果相关的关键词有"火龙果 红心""火龙果白心""火龙果 10 斤包邮"，将其作为备选关键词。

图3-6 与火龙果相关且流量高的关键词

3. 组合关键词

淘宝商品的标题可以包含 60 个字符（30 个汉字），标题优化的原则是高流量关键词越多越好，标题要有吸引力，同时要包含一些促销信息。商品标题优化可以遵循以下公式：

商品标题 = 高流量关键词 + 商品名称关键词 + 商品特点关键词

根据商品标题优化公式，从以上两步选出的备选关键词中找出高流量关键词："火龙果白心""火龙果 10 斤包邮"。根据火龙果的名称与别称选出"火龙果""白肉火龙果"。根据商品特点选出"越南火龙果""新鲜""现摘""应季""孕妇水果"。根据标题优化公式整合标题为"越南火龙果白心大果 10 斤新鲜包邮现摘孕妇水果应季白肉火龙果"。

4. 更改关键词

单击【卖家中心】→【宝贝管理】→【出售中的宝贝】→【编辑商品】，进入商品编辑页面，修改商品标题并提交商品信息。

如图 3-7 所示，把商品标题修改为"越南火龙果白心大果 10 斤新鲜包邮现摘孕妇水果应季白肉火龙果"，并保存、提交。

图3-7 修改商品标题

（二）优化引流商品价格

新店引流商品价格一般采用能够快速带动店铺流量的低价定价法，即参考同一平台中同类商品的低价位价格。低价位价格的寻找方法是：利用主关键词（即商品名称＋主要属性，如"火龙果10斤"）进行搜索，在搜索结果页中选择【价格从低到高】进行排序，可以看到同类商品的最低价。最低价只能作为定价的参考，卖家需要结合综合排名里的低价位价格与自身情况进行最终定价。

利用主关键词"火龙果10斤"在淘宝网首页搜索，搜索结果如图3-8所示。通过搜索结果默认按综合排序显示，选择【价格从低到高】找到10斤装火龙果最低价32.8元。综合排序与价格排序整合出同类商品的低价范围在32.8～39.8元，根据店铺实际情况及综合实力可以把商品价格定在这个范围内。另外，依据尾数定价法可以定为34.8元或35.9元等。

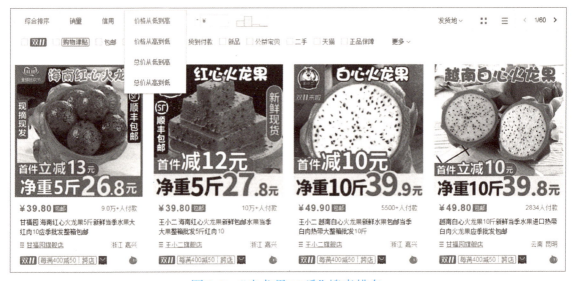

图3-8　"火龙果10斤"搜索排名

（三）优化商品促销设置

商品促销信息容易刺激客户下单。店铺常见的促销方式如表3-1所示。

表3-1　网店常见的促销方式

序　号	促销方式	解　释	举　例
1	满额促销、满就减和满就送	购买商品到达既定的额度，立刻减价或赠送某些商品	满100元减30元、满1 000元送100元购物券

续表

序　号	促销方式	解　释	举　例
2	限时折扣	在特定的时间内提供优惠的价格	"双11"当天0:00至2:00给予8折优惠
3	优惠券	用于吸引买家到店购买商品,可以预先发给买家,让买家在优惠券的引导下到店铺消费	"双11"活动来临前通过邮箱或社交媒体群提前发送优惠券
4	秒杀	网上抢购活动,由于价格非常低,商品很容易被抢光,容易获取高流量	9.9元秒杀平时30元的商品
5	团购	团体购物,即通过买家自行组团或商家组团等形式,降低商品价格,提高商品销售数量	聚划算
6	关联促销	将几种商品根据一定联系组合在一起销售,通过促销套餐让买家一次性购买,提高店铺销售业绩、转化率和客单价	榴莲与山竹搭配销售

淘宝店铺设置促销的路径是:单击【千牛卖家中心】→【营销】→【促销管理】→【优惠活动】。部分促销工具属于第三方服务,需要另外购买。

例如,可以设置"双11"主题的促销活动,如图3-9所示,根据店铺特点设置促销信息。设置促销活动后需要实时监控店铺销售情况,适当调整促销方式。

图3-9　设置促销信息

平台拓展

速卖通店铺商品引流

一、分析店铺基础数据选出引流商品

（一）了解自家店铺流量，全面掌握店铺基础数据

登录速卖通后台，打开生意参谋页面，可以查看店铺的实时数据，如图 3-10 所示。

图 3-10　速卖通生意参谋页面

生意参谋是店铺各类数据的入口，店铺流量、商品分析、行业情况等数据都可以从生意参谋里获得。

（二）根据商品流量排行榜确定备选引流商品

单击【生意参谋】→【商品分析】，查看商品的相关数据，包括搜索曝光量、商品页访客数、平均停留时长、加购次数、加收藏夹人数，卖家可以根据需要选择显示哪些指标，如图 3-11 所示。

备选引流商品主要根据商品的搜索曝光量、商品页访客数两个指标进行选择，

因此选第一、第二个商品作为备选引流商品。

	商品标题	搜索曝光量 ⇕	商品页访客数 ⇕	平均停留时长 ⇕	加购次数 ⇕	加收藏买人数 ⇕	操作
	CINESSD Office Lady Blazers Coat Solid Long Sleeves Cardi... $37.58 ~ $37.58 流量来源	18,878	654	25	34	27	管理该产品 展开数据分析
	CINESSD 2019 Autumn Winter Coat Jacket Women Turn Down Co... $31.89 ~ $31.89 流量来源	11,063	439	21	16	21	管理该产品 展开数据分析
	CINESSD Solid Pullover Sweaters Women O Neck Long Sleeve ... $21.49 ~ $21.49 流量来源	6,607	183	22	5	7	管理该产品 展开数据分析
	CINESSD Women Casual Tops Chiffon Blouse Sexy V Neck Shor... $15.5 ~ $15.5 流量来源	6,554	99	20	8	4	管理该产品 展开数据分析
	CINESSD Women Patchwork Polka Dot Blouse Casual Tops V Ne... $24.69 ~ $24.69	5,703	81	22	1	6	管理该产品 展开数据分析

最近7天 ▼　2020-02-12 ~ 2020-02-18　请选择行业 ▼　全球 ▼　所有商品 ▼　◀ ▶ 1/27

自定义指标　下载 ⤓

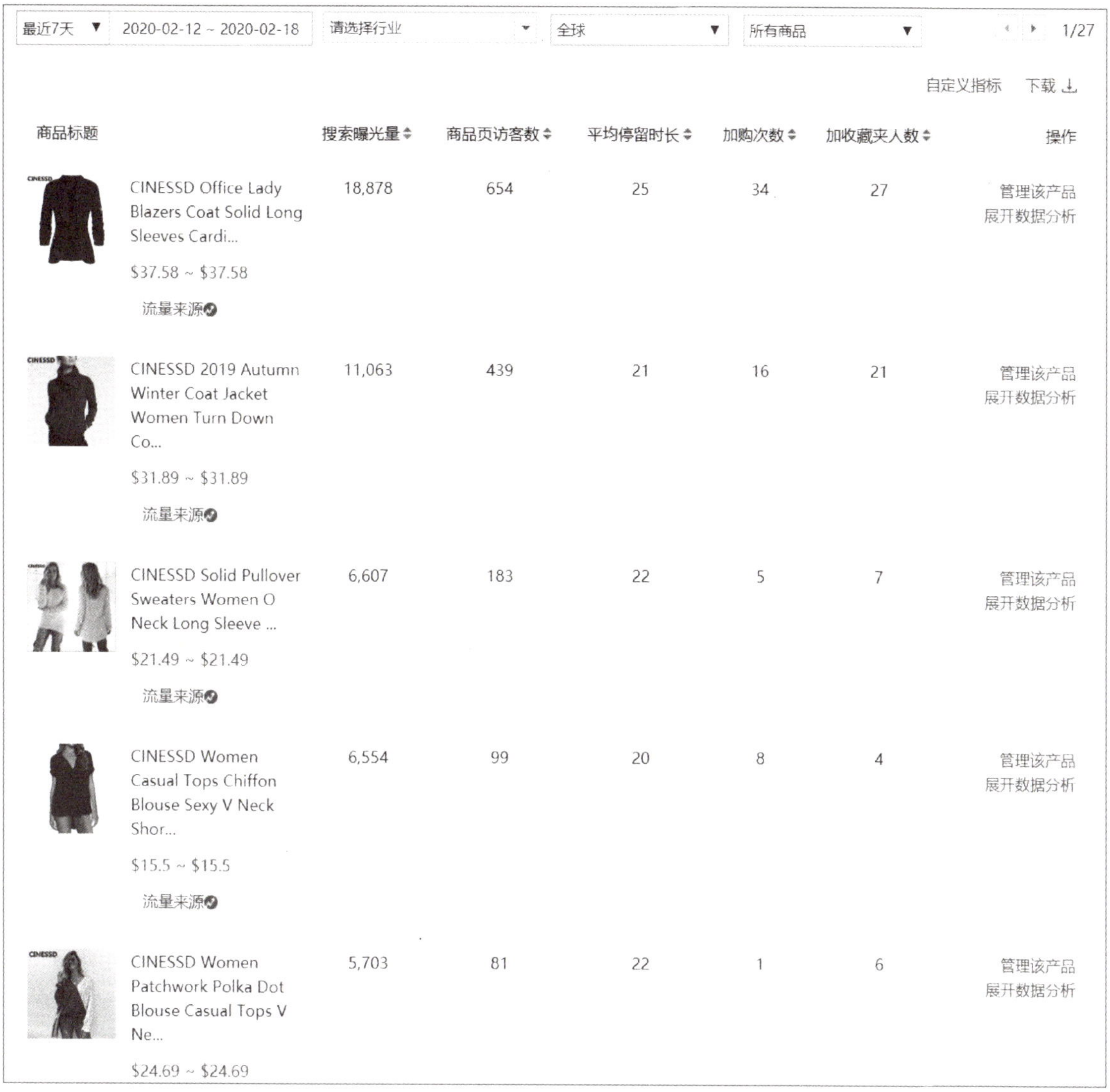

图3-11　速卖通商品分析数据页面

（三）利用平台选品专家，确定引流商品

登录速卖通后台，单击【生意参谋】→【商机发现】→【选品专家】→【热搜】，查看选品专家提供的相关行业商品热搜情况，如图3-12所示。新手卖家要选择搜索指数高的商品作为备选引流商品，因为搜索指数越高的商品曝光可能性越大。

图3-12　速卖通选品专家相关行业商品热搜情况

二、优化引流商品

（一）优化引流商品名称

1. 优化标题排布

速卖通平台的商品标题可包含 145 个字符，但页面只能显示 45 个字符，因此前 45 个字符要呈现主关键词。

2. 优化标题内容

优化商品标题的公式为：

商品标题 = 主关键词 + 主属性词 + 促销词 + 品牌词 + 单复数词

（1）主关键词：主关键词要置于前 45 个字符内。例如，High Heels（高跟鞋）、Business Shoes（商务鞋）等这种商品标题性的主关键词应该放到标题的前面。

（2）主属性词：主属性词也要置于前 45 个字符内，这样有利于提高标题的搜索权重。例如，Leather（皮革）、Cotton（棉）、Silk（丝绸）等这类词属于主属性词，对提高商品的转化率、点击率有非常大的帮助。

（3）促销词：促销词（如买二赠一）对提高转化率有帮助，但要注意促销词的使用数量，尤其是标题的前 45 个字符内最好不使用促销词。

（4）品牌词：如果销售的是知名度较高的品牌产品，品牌词可以放在标题的前部。但如果品牌的知名度较低，对于提高商品转化率的作用不大，建议将品牌词放在标题的后部。

（5）单复数词：单复数词的搜索结果可能不一样，对于单复数词搜索结果一样的情况可以不区分单复数，对于单复数词搜索结果不同的情况要把单复数词都加到标题里。

（二）优化引流商品价格

引流商品适用低价定价法，利用主关键词到速卖通平台中搜索，确定低价范围，然后定出比较有竞争力的价格。

（三）优化商品促销设置

速卖通平台为卖家提供了限时限量折扣、全店铺打折、满件折/满立减和店铺优惠券四种营销工具，使用这四种营销工具时要注意以下几点：

1. 注意活动生效时间

限时限量折扣活动设置 12 个小时后生效，全店铺打折、满件折/满立减活动设置 24 个小时后生效，店铺优惠券活动设置 1～2 个小时后生效。

2. 注意活动时长

限时限量折扣、全店铺打折、店铺优惠券活动可跨月设置，但会同时扣减两个月的活动数量；满件折/满立减活动开始和结束的日期必须在同一个月内。

3. 注意等待状态

限时限量折扣活动在开始前 6 个小时内、全店铺打折和满件折/满立减活动在开始前 12 个小时内处于"等待展示"状态，此时无法修改活动信息；店铺优惠券活动处于"展示中"状态时，无法修改活动信息或关闭活动。

4.注意活动优先级

限时限量折扣活动的优先级大于全店铺打折活动，即当两个活动时间重叠时，优先展示限时限量折扣活动信息，限时限量折扣活动结束后再展示全店铺打折活动的信息。满件折/满立减和店铺优惠券活动可以和其他活动同时进行。折扣商品以折后价(包括运费)计入全店铺满立减金额。

知识链接

一、店铺基础类数据名称释义（见表3-2）

表 3-2　店铺基础类数据名称释义

序　号	数据名称	释　义
1	浏览量	浏览店铺首页和商品页面的次数
2	访客数(流量)	浏览店铺首页和商品页面的用户数，当天数据去重计算
3	收藏量	用户访问店铺页面过程中添加收藏的总次数(包括首页、分类页和商品详情页的收藏次数)
4	浏览回头客	前6天内访问过店铺、当日又来访问的用户数，所选时间段内数据去重计算
5	浏览回头率	浏览回头客占店铺总访客数的比例
6	跳失率	用户通过相应入口进入店铺，只访问了一个页面就离开的访问次数占该入口总访问次数的比例
7	平均停留时间	在所有用户的访问过程中，平均每次连续访问店铺的停留时间，单位为秒
8	商品页浏览量	店铺商品页面被查看的次数，即用户每打开或刷新一个商品页面，该指标就会增加
9	商品页访客数	店铺商品页面的访问人数。所选时间段内，同一用户多次访问去重计算
10	商品页收藏数	用户访问商品页面添加收藏的总次数
11	入店页面	单个用户每次浏览店铺时查看的第一个页面
12	出店页面	单个用户每次浏览店铺时所查看的最后一个页面

续表

序　号	数据名称	释　义
13	入店人次	从该页面进入店铺的人次
14	出店人次	从该页面离开店铺的人次
15	进店时间	用户打开该页面的时间点。如果用户刷新页面,则进店时间为刷新时间
16	停留时间	用户打开店铺最后一个页面的时间点减去打开店铺第一个页面的时间点(只访问一个页面的用户的停留时间暂无法获取,这种情况不统计在内,显示为"—")
17	到达页浏览量	到达店铺的入口页面的浏览量
18	平均访问时间	打开某商品页面到打开下一个商品页面的平均时间间隔(用户访问某商品页面后,未单击该页其他链接的情况不统计在内,显示为"—")
19	全店商品查看总人次	全部商品的查看人次之和
20	搜索曝光量	买家通过关键词搜索将商品展示在搜索结果页面中的次数
21	加购次数	买家把当前商品加入购物车的次数
22	加收藏夹人数	买家把当前商品加入收藏夹的次数
23	搜索指数	在一定时间内,搜索某个关键词的总次数

二、打造潜力商品

潜力商品是指平台根据商品的流量、浏览数据、购买数据、评价数据等指标判断为可能比较受客户青睐的商品,平台将给予此类商品流量的倾斜。

网店推广与营销

以淘宝平台为例,打造一款潜力商品需要注意以下几点。

（一）注重第一笔订单

由于新品期第一笔订单效果等同于新品期后三笔订单效果,因此要重视新品期的第一笔订单。卖家可以给第一笔订单的客户提供比较大的优惠,以此打动客户,请客户及时完成评价与收藏等操作。

（二）注重各项数据

潜力商品的各项数据都应该在平均数据之上，尤其是转化率，转化率高才能向平台证明有能力保持住流量，因此要重视潜力商品的转化率。可以通过精美的商品详情页、一定力度的优惠、优质的客户服务等提高转化率，并且要注意数据的变化，如果转化率降低了，要及时找出原因，并采取措施提高转化率。

三、做一个勤劳的店主

勤劳店主是指保持定期（开店初期可以每天为单位）上架新商品且定期更新店铺商品的店主。被平台判定为勤劳店主的店铺会得到平台的流量倾斜。

四、用好新店扶持期

新店扶持期是指新开的店铺会得到一段时间平台给予的流量、设置等方面的扶持。例如淘宝店铺的"新店扶持期"是 3 个月，如果店内商品在这 3 个月内的好评率很高，而且是应季商品，淘宝平台就会将商品推荐给更多有需要的人。另外，淘宝平台会分配给有销量的新品更多的流量资源。

🟦 实战应用

任务 1：淘宝店铺的商品引流。

要求：登录淘宝店铺，通过分析店铺数据选出并优化引流商品，争取卖出商品，完成表 3-3。

表 3-3　淘宝店铺商品引流实战记录表

序　　号	实 战 任 务	具 体 要 求	实 战 记 录
1	分析店铺基础数据选出引流商品	了解自家店铺流量，全面掌握店铺基础数据	
		对比商品流量排行，确定备选引流商品	
		对比同行优秀店铺数据，确定引流商品	
2	优化引流商品	利用商品标题优化公式优化商品名称	
		利用低价定价法优化商品价格	
		根据平台与店铺实时情况优化商品促销信息	

任务 2：速卖通店铺的商品引流。

要求：登录速卖通店铺，通过分析店铺数据选出并优化引流商品，争取卖出商品，完成表 3-4。

表 3-4 速卖通店铺商品引流实战记录表

序　号	实 战 任 务	具 体 要 求	实 战 记 录
1	分析店铺基础数据选出引流商品	了解自家店铺流量，全面掌握店铺基础数据	
		根据商品流量排行榜确定备选引流商品	
		利用蓝海行业数据，确定引流商品	
2	优化引流商品	利用商品标题优化公式优化商品名称	
		利用低价定价法优化商品价格	
		根据平台与店铺实时情况优化商品促销信息	

课后作业

1. 属于优化商品名称的步骤有（　　　　）。

　　A. 保留自家商品流量高的关键词

　　B. 找出同行流量高的关键词

　　C. 组合关键词

　　D. 更改关键词

2. 挑选店铺引流商品时，需要注意的要求有（　　　　）。

　　A. 选价格相对比较低的商品

　　B. 选相对大众化的商品

　　C. 选质量过硬的商品

　　D. 选物流相对方便的商品

3. 请根据表 3-5 所示信息给商品命名。

表 3-5　商 品 信 息

商 品 图 片	商品详细信息
	品牌:衣世情缘　　　型号:5585 颜色分类:黑、蓝、红　货号:5896 面料:纯棉　　　　　薄厚:常规 风格:原创设计　　　图案:卡通动漫 适用季节:夏季 适用对象:一家三口 妈妈尺码:S、M、L、XL、XXL 爸爸尺码:S、M、L、XL、XXL 儿童尺码:童XS、童S、童M、童L、童XL、童XXL……

你的命名是:_____

这样命名的原因是:_____

4. 请列出五种促销方式:_____

_____

🔽 任务评价

类别	序号	考核项目	考核内容及要求	分值 / 分	学生自测	学生互测	教师检测	分数
技术考评（80分）	1	质量	合理选出引流商品	20				
	2		完成引流商品优化	40				
	3		卖出商品	20				
非技术考评（20分）	4	态度	学习态度端正	5				
	5	纪律	遵守纪律	5				
	6	协作	团队合作状况良好	5				
	7	文明	保持安静,清理场所	5				
总分:								

任务2　提 高 销 量

要提高销量，除通过优化店铺获取自然流量以外，还可通过付费工具来获取更多的流量。淘宝平台的付费工具主要有超级推荐、直通车、钻展、淘宝客、促销管理。本任务的目标是通过直通车获取流量，进而提高店铺销量。在任务中，首先了解直通车各个板块的功能，然后根据店铺商品特点设置推广计划，进行直通车推广，最后根据推广报表进行数据监控与维护。

案例学习

雀翔贸易店铺直通车引流

雀翔贸易是一家经营面食的店铺，拥有三钻信誉，开通直通车半年后开始盈利，店铺首页如图 3-13 所示。雀翔贸易在直通车的投入情况是：平均每周 1000 元。

图3-13　雀翔贸易店铺首页

雀翔贸易店铺直通车推广步骤如下:

一、认识直通车各板块功能

单击【千牛卖家中心】→【营销中心】→【我要推广】→【淘宝／天猫直通车】→【即刻提升】→【进入直通车】，进入直通车首页，如图 3-14 所示。

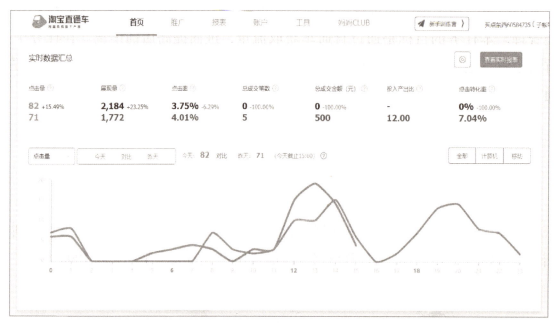

图3-14　直通车首页

直通车页面共分首页、推广、报表、账户、工具、妈妈 CLUB 六个板块，每个板块的功能如表 3-6 所示。

表 3-6　直通车各板块功能

序　号	板　块	功　能
1	首页	查看直通车实时数据
2	推广	设置推广计划，包含标准计划与智能计划。目前可以创建 8 个计划，计划一旦建立则不能删除，只能修改名称
3	报表	查看直通车报表，包含店铺基础报表、货品营销报表、转化解读报告。直通车报表用于日常直通车整体计划数据分析及对照
4	账户	用于充值、查询费用、查看费用记录、进行费用管理等，包含充值、财务记录、营销管理、操作记录、资质管理、联系人管理、服务协议。首次充值最低 500 元，后续充值最低 200 元

续表

序　号	板　　块	功　　能
5	工具	提供协助直通车管理工具，包含智能出价、流量智选、流量解析、账户诊断、抢位助手、竞争分析、生意参谋、第三方工具
6	妈妈CLUB	由阿里妈妈提供服务，包括推广策略、赏金任务、资源超市、商家报告等服务

二、设置推广计划

（一）确定推广商品

单击【直通车首页】→【工具】→【生意参谋】→【品类】，查看全量商品排行榜，如图 3-15 所示。

图 3-15　生意参谋"全量商品排行"板块

在"全量商品排行"板块中，根据"商品访客数""支付转化率""支付金额"三个指标选出店铺中最优质的商品"大碗面"作为直通车推广商品。

（二）建立推广计划

单击【直通车首页】→【推广】→【新建推广计划】，进入新建推广计划页面，选择【日常销售—促进成交】和【标准推广—系统推荐】，然后单击【下一步，进入推广设置】，如图 3-16 所示。

图 3-16　新建推广计划页面

1. 设置计划名称

计划名称与推广结果没有关系，根据容易记忆的原则设置即可。

2. 设置日限额

日限额表示一天最多能够花费的金额，系统默认的最低扣费金额是 30 元，建议新手卖家设置日限额为 100 元。

3. 设置投放方式

可选择【智能化均匀投放】或【标准投放】。智能化均匀投放是系统根据网站的流量变化和卖家的日限额，在投放时间内均匀展现推广；标准投放是系统根据卖家投放设置展现推广。建议新手卖家使用标准投放。

4. 设置投放平台、地域、时间

可以进行平台、地域、时间的选择。

（1）投放平台包括计算机设备淘宝站内、淘宝站外和移动设备淘宝站内、淘宝站外四个选项，可根据需要进行设置，如图 3-17 所示。

图3-17 设置投放平台页面

（2）投放地域设置，如图 3-18 所示。投放地域的选择应结合物流、季节气候、促销活动、代理区域等因素来考虑。物流因素应考虑售往不同地域的物流成本，对于物流成本过高的地域可以选择不投放；季节气候因素应考虑在不同地域的使用情况，如羽绒服在有些地域 10 月份已开始使用，有些地域 12 月份才开始使用，有些地域不使用；促销活动因素方面，直通车投放地域要根据促销活动的地域来

图3-18 设置投放地域页面

设置；代理区域因素方面，如果推广的商品仅拥有部分区域的代理权，可以选择仅在代理区域内推广。

（3）投放时间可以根据不同时段带来的效果进行设置，如图 3-19 所示。系统根据每个行业的特点和流量分布特征，分析制作了适合各个行业的投放时间和出价百分比的模板，卖家可以在设置投放时间时选择所在的行业（主要是一级类目）模板。这样做能够节省卖家的操作时间，更重要的是为卖家科学地设置投放时间提供了很好的依据。

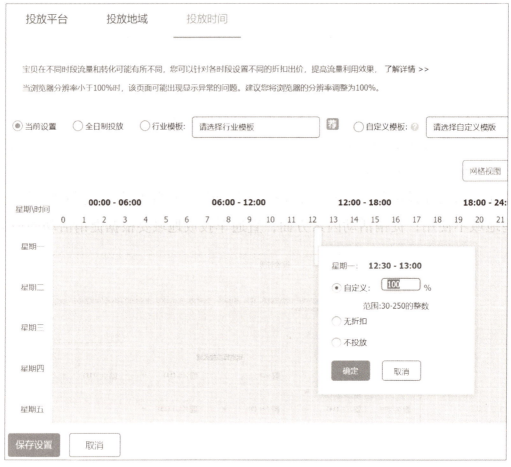

图 3-19 设置投放时间页面

例如：店铺每天的营业时间为早上 8 点到晚上 12 点，把直通车推广计划的投放时间也设置为每天早上 8 点到晚上 12 点，其余时间不投放。这样使得卖家每天下班后所有的推广计划自动下线，第二天上班时推广计划又自动上线，保证在推广的时候卖家一直在线，方便管理。

（三）设置推广方案

建立计划后，系统自动跳转到设置推广方案页面，如图 3-20 所示。

图 3-20 设置推广方案页面

系统已经根据卖家选择的营销场景和目标制订了关键词和推荐人群方案，卖家可在此基础上对关键词、出价、推荐人群进行修改。

1. 添加关键词

单击【更多关键词】，进入添加关键词页面，如图 3-21 所示。

图 3-21 添加关键词页面

系统已经默认给出了一批关键词，卖家根据需要将关键词添加到左侧栏中，也可以增加其他的关键词，一个商品只能添加 200 个关键词。关键词的添加是直通车设置的关键，可以从以下几个方面考虑：

（1）标题包含的关键词：从标题中拆分关键词。

（2）详情页属性词：详情页的属性信息中一般包含商品的属性词。

（3）搜索下拉框关键词：搜索下拉框有系统推荐的相关的行业热搜词，是符合客户搜索习惯的关键词。

（4）直通车后台搜索关键词：直通车根据卖家设置，从潜力词、热搜词、质优词、飙升词、同行词、扩展词、联想词 7 个方面提供了一批关键词，但是这批关键词的相关性不一定强，可以根据相关性、展现量、转化率等条件进行选择。

2. 设置出价

出价原则是尽量以低价进入搜索结果首页，建议排在第五至第八名即可。有的新手卖家会用高价抢第一、第二名的位置，高手卖家会争夺第三、第四名的位置，建议新手卖家争取第五至第八名的位置。新手卖家用高价抢占第一、第二名的位置，可能会因为各种原因引流后转化率不高而耗费大量的成本。

3. 设置推荐人群

系统默认推荐一些人群，可以在此基础上选择更精准的人群，对"宝贝定向人群""店铺定向人群""行业定向人群""基础属性人群"进行投放，如图 3-22 所示。

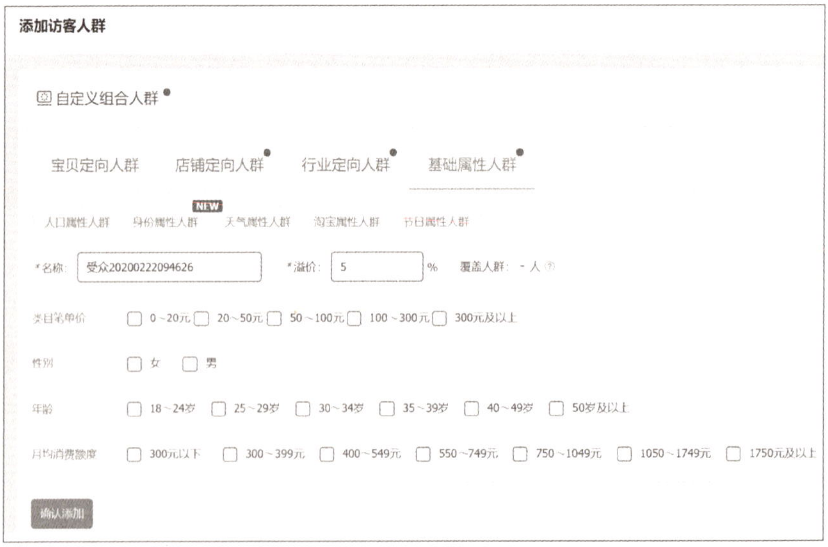

图 3-22 添加访客人群页面

三、进行数据监控与维护

设置完推广计划后即可开始直通车推广，系统会根据推广进程给出实时数据报表，卖家要根据实时数据报表监控前期设置是否合理，并实时修改、调整。

 **平台拓展**

速卖通店铺直通车操作

一、认识直通车各板块功能

登录速卖通后台，单击【营销活动】→【直通车】，进入速卖通直通车首页。

速卖通直通车首页包括"账户概览""数据效果""推广信息""当月等级"板块，各板块功能如表 3-7 所示。

表 3-7 速卖通直通车各板块功能

序 号	板 块	功 能
1	账户概览	展示卖家账户状态和账户余额
2	数据效果	展示近七日的各种指标数据，包括曝光量、点击量、下单数、加入购物车次数、加入收藏夹次数、部分数据对比图
3	推广信息	设置直通车推广计划，包括全店管家和推广计划
4	当月等级	当月等级分为5个等级，低等级需要达到规定的成长分值才能升级：0分≤实习车手 < 1 500分、1 500分≤中级车手 < 2 500分、2 500分≤高级车手 < 5 000分、5 000分≤资深车手 < 10 000分、10 000分<车神

二、设置推广计划

速卖通直通车分为两种：全店管家和计划推广，两种方式的费用计算完全分开，互不影响。全店管家只需要设置每日消耗上限和出价区间两个指标，优点是操作简单，无须时刻关注推广状态、调整价格、挑选关键词，全部由系统智能化处理，缺点是不能进行有针对性的推广，无法控制推广效果。计划推广分为重点推广计划和快捷推广计划。重点推广计划能够加快爆品的打造过程，可以单独选品来指定推广关键词；快捷推广计划可以批量选品、选词，通过数据比较筛选潜力爆品。下面介绍重点推广计划。

（一）确定推广商品

卖家可以通过热销商品、热搜商品、潜力推荐等指标进行选品。重点推广计划的选品注意事项包括：注意选择有潜力的商品作为重点推广计划的商品；最多创建 10 个重点推广计划；每个计划可以创建多个推广单元；每个推广单元只能有一个商品；防止推广单元针对同一关键词互相竞争的情况发生。

（二）添加关键词

在重点推广计划关键词列表中，单击【添加关键词】，可以为这个推广计划添加关键词。选好关键词后，设置出价方式，单击【保存】即可完成关键词的添加操作。

添加关键词的方式有三种：第一种方式是从推荐词中选择，系统从推广评分、30 天搜索热度、竞争数和市场平均价的角度推荐了 50 个词，这些词都是质量比较高的关键词；第二种方式是通过搜索相关词进行选择，系统会搜索出许多相关的关键词；第三种方式是批量加词。

添加关键词时应注意以下事项：系统推荐词建议全部添加；每个推广单元的关键词数量最多 200 个；关键词的推广评分非常关键，最好为优；选词完毕，系统会自动出价；出价标准为当前市场直通车搜索页第二页的最低价；选好关键词并完成出价后，单击【保存】才有效；只有优词才有机会展示在搜索页的黄金展示位置（每页右侧的推广区）；良词只能展示在搜索页面的非黄金展示位置（每页底部的 4 个推广位）；无评分的词无法进行展示，因此要注意筛选优良的关键词。

（三）开启商品推荐投放

建议开启商品推荐投放。商品推荐投放的特点有以下四点：出价越高，展示的可能性越大；展示位置主要为详情页下方的商品推荐展示位置；推广计划建成，系统会自动设置为推广开启状态；出现质量不佳问题时，所有关键词推广评分为良。

知识链接

一、直通车的含义

直通车是淘宝提供的一款付费营销工具，其原理是卖家设置与推广商品相关的关键词并出价，在买家搜索相应关键词时推广商品，获得展现和流量，实现精准营销，卖家按所获流量付费，即按点击付费。

二、直通车数据指标

（一）点击量

点击量是指某一段时间内商品展现在淘宝网上被点击的次数。

（二）展现量

展现量是指买家搜索了与商品相关的关键词，商品在淘宝网页面展示出来的次数。

（三）点击率

点击率是指商品被点击的次数与商品展现次数之比，即点击量除以展现量。

（四）转化率

转化率是指一段时间内商品的成交笔数与商品点击量之比，即成交笔数除以点击量。

（五）投入产出比

投入产出比是指一段时间内直通车成交金额与这段时间内直通车花费之比，即销售额除以花费。

三、直通车展示位

淘宝直通车在PC端与移动端均有展示位。其中，PC端展示在搜索结果页第一排、搜索结果页右侧、搜索结果页下部、购物车加购页底部（有"掌柜热卖"字样）以及收藏页底部（有"热卖单品"字样）；移动端展示在搜索结果页（有"HOT"字样）。

速卖通直通车展示位为搜索结果页第一页的第 12、20、28、36 位及后续结果页的第 8、16、24、32、40 位以及每一页底部的 4 个展示位。

四、直通车扣费公式

直通车扣费公式为：

单次点击扣费 =（下一名出价 × 下一名质量分）/ 卖家质量分 +0.01 元

根据公式可以看出，下一名出价或下一名质量分越高卖家付费越高，卖家质量分越高付费越低。

五、质量分

质量分是系统估算的一种相对值，是衡量关键词、商品推广和淘宝买家搜索意向三者之间相关性的综合指标，以 10 分制的形式呈现，分值高则可以获得更理想的推广效果。

六、直通车优化技巧

（一）设置定向计划

设置了定向计划的推广商品被买家搜索到，对卖家质量分有一定的影响，因此可以针对该商品在定向计划中开启搜索推广，加入点击率较高的关键词，在一定程度上可提高该商品的定向权重。

（二）设置商品标题

商品标题需要与商品相符，且包含越多属性词、风格词、材质词等能够精准表明买家偏好的词，越能获取精准的流量。

（三）选择人群

不同时期对人群的选择策略不同：推广初期，只要有转化效果的人群都可以保留；推广一段时间后，保留转化率高的人群，如店铺访客。

（四）调整溢价

推广初期使用高于或者低于行业均价 1% 的溢价幅度缓缓提高或降低出价，保持一定时间，缓缓降低溢价。

（五）控制出价

开通直通车后的一段时间内可能没有流量，需要保持耐心，缓慢加价，按照高于一周参考价 10% ～ 20% 的价格出价；加价到能承受的上限后，保持 3 ～ 4 天，这期间不宜暂停投放。

实战应用

任务 1：淘宝店铺的直通车推广。

要求：登录店铺后台，进入直通车推广页面完成直通车开通与推广计划的设置，填写表 3-8。

表 3-8　开通淘宝直通车提高销量实战记录表

序　号	实 战 任 务	具 体 要 求	实 战 记 录
1	认识直通车各板块功能	进入直通车首页	
		熟悉直通车页面，了解首页、推广、报表、账户、工具、妈妈CLUB六个板块的功能	
2	设置推广计划	确定推广商品	
		建立推广计划	
		设置推广方案	
3	进行数据监控与维护	通过实时数据报表进行数据监控与维护	

任务 2：速卖通店铺的直通车推广。

要求：登录店铺后台，进入直通车推广页面完成直通车开通与推广计划的设置，填写表 3-9。

表 3-9　开通速卖通直通车提高销量实战记录表

序　号	实 战 任 务	具 体 要 求	实 战 记 录
1	认识直通车各板块功能	进入直通车首页	
		熟悉直通车页面，了解"账户概览""数据效果""推广信息""当月等级"四个板块的功能	
2	设置推广计划	确定推广商品	
		添加关键词	
		开启商品推荐投放	

📒 课后作业

1. 建立淘宝直通车计划需要（　　　　　　）。

　　A. 设置计划名称　　　　　　　　B. 设置日限额

　　C. 设置投放平台 / 地域 / 时间　　D. 选择库存量比较大的推广商品

2. 设置淘宝直通车投放地域时需要考虑（　　　　　　）。

　　A. 物流因素　　　　　　　　　　B. 季节气候因素

　　C. 促销活动因素　　　　　　　　D. 代理区域因素

3. 设置淘宝直通车推广方案需要（　　　　　　）。

　　A. 添加关键词　　　　　　　　　B. 设置出价

　　C. 设置推荐人群　　　　　　　　D. 设置日限额

4. 淘宝直通车的展示位有哪些?

_____

_____

_____

_____

🔖 任务评价

类别	序号	考核项目	考核内容及要求	分值/分	学生自测	学生互测	教师检测	分数
技术考评（80分）	1	质量	能选择合适的商品进行投放	20				
	2		能选择合适的关键词	40				
	3		完成直通车优化调整	20				
非技术考评（20分）	4	态度	学习态度端正	5				
	5	纪律	遵守纪律	5				
	6	协作	团队合作状况良好	5				
	7	文明	保持安静，清理场所	5				
总分:								

任务 3　打造爆款商品

店铺从新店成长为旺铺需要一个过程，直通车、淘宝客是这个过程中必须要学会并且熟练使用的工具。打造爆款商品是快速提升商品销量和排序、带动整个店铺的总体评分与信誉度的常用战术，尤其在节假日，买家已形成了群体短时密集消费的习惯，顺势打造爆款商品可以让店铺的品牌知名度快速提高。

 **案例学习**

CAILIN SHOP"借力"打造爆款商品

CAILIN SHOP 是一家个性鲜明、小而美的女鞋淘宝店，首页如图 3-23 所示。自开店初期，它一直有着明确的店铺风格和人群定位，针对 25 ～ 35 岁的女性群体出售风格统一的商品。在人群精细化定位中，数据参谋为其提供了可视化的数据，帮助它树立自己的风格，获取优质的流量。在成长期，更是借着"双 11"成功地打造了第一个爆款商品，突破了当日单品上千的销售记录，成功打上 ifashion 标签，成为店铺发展的第一个里程碑。

图 3-23　CAILIN SHOP 店铺首页

店铺打造爆款商品，要经过爆款商品筛选、爆款商品测试、优化商品设置、加大推广以及活动策划五个环节。

CAILIN SHOP 店铺打造爆款商品的操作如下：

一、爆款商品筛选

选择爆款商品，除了店铺的活动支持，还需要商品自身具备竞争优势，符合市场的需求。

CAILIN SHOP 店铺根据以下几个原则筛选爆款商品：

（1）属于应季商品，符合大众消费理念。

（2）库存充足，有完善的供应链。

（3）质量上乘，能打造品质口碑，降低售后风险。

（4）价格平民化、大众化。

（5）有一定的利润空间。

（6）和其他商品有一定的关联购买度。

二、爆款商品测试

（一）自然流量测款

CAILIN SHOP 店铺有一定的人气基础，人工筛选的新品需要在店铺中进行一轮自然流量测款。新品上架前一周在页面上做预告，让客户提前做好收藏、加入购物车（以下简称加购）操作，并且通过微淘、CRM 工具、旺旺群等方式通知老客户新品上架的时间，配合相应的活动（如给老客户发放优惠券）达到上新破零的目的。

新品上架两周后单击【卖家千牛中心】→【生意参谋】→【品类】→【全量商品排行】，勾选商品的五个数据：商品访客数、商品加购件数、商品收藏人数、支付转化率、访客平均价值，如图 3-24 所示。

商品访客数越高，说明商品的排名越靠前，权重越高，推广较容易。商品加购件数和商品收藏人数代表商品的受欢迎程度。如果没有生成订单，说明商品还有不足之处，如商品价格高、详情页卖点不突出、销量评价差等。可有针对性地优化商品，然后观察优化后是否能提高支付转化率。

图 3-24　勾选商品数据

支付转化率表示在统计时间内，支付买家数除以访客数的值，即访客转化为支付买家的比例。CAILIN SHOP 店铺选择主推商品的标准为支付转化率 2%以上。

访客平均价值是指在统计时间内，支付金额除以访客数，即平均每个访客带来的支付金额。访客平均价值的数值越高越好，卖家可以参考该指标控制流量引入成本。

单击相应页面顶端的【下载】，可将数据导出成电子表格，计算商品的收藏加购比例,公式为:(商品收藏人数 + 商品加购件数)/ 商品访客数 × 100%。数值越高，代表买家对商品的喜爱程度越高。CAILIN SHOP 店铺选款的标准是收藏加购比例大于等于 15%。如图 3-25 所示，将收藏加购比例进行降序排列，大于等于 15%的商品可进行直通车测款。

	商品ID	商品名称	商品访客数	商品收藏人数	商品加购件数	支付转化率	访客平均价值	收藏加购比例			
2	575248028753	CAILIN自制春秋英伦风:	27,625	3,299	3,880	0.95%	2.18	25.99%			
3	583394700957	CAILIN自制2019款春夏!	18,903	2,039	2,562	1.49%	3.00	24.34%			
4	586415261155	CAILIN自制19款春夏秋:	4,278	368	625	1.54%	3.39	23.21%			
5	567659256329	CAILIN自制春夏小香风!	2,885	313	331	1.46%	3.14	22.32%			
6	557506342967	19春秋羊皮小香风低跟:	3,158	246	369	0.92%	1.97	19.47%			
7	586201476010	CAILIN19春夏款韩范方:	2,612	181	321	1.23%	2.66	19.22%			
8	580702872830	-	694	49	83	1.01%	2.16	19.02%			
9	587730639984	-	773	77	69	0.26%	0.49	18.89%			
10	586782187029	CAILIN自制秋新夏古乐5	3,136	188	392	1.95%	4.53	18.49%			
11	545390613105	19春秋款羊皮布浪克系5	243	18	26	1.23%	3.26	18.11%			
12	586500065746	-	1,073	62	124	1.49%	3.63	17.33%			
13	567357709460	CAILIN自制19春夏秋羊!	2,277	125	257	0.97%	2.25	16.78%			
14	593878499707	-	633	43	61	0.63%	1.61	16.43%			
15	567286127385	-	55	6	3	0.00%	0.00	16.36%			
16	569483698003	CAILIN自制19春夏款韩!	844	95	41	0.36%	0.70	16.11%			
17	586500401249	-	1,237	67	129	0.97%	2.10	14.63%			
18	40843453799	CAILIN自制2019春秋韩!	3,410	168	328	1.23%	2.02	14.55%			
19	545250376474	-	409	15	43	0.98%	1.95	14.18%			
20	587572114770	CAILIN自制2019新款后!	493	38	31	1.01%	2.03	14.00%			
21	587435561835	CAILIN自制19春夏韩国!	603	40	44	0.17%	0.34	13.93%			
22	586630686380	-	1,356	64	118	0.66%	1.43	13.42%			
23	566555100506	-	526	24	24	0.00%	0.00	13.31%			
24	571444436457	-	235	16	15	0.43%	0.89	13.19%			
25	586632346334	CAILIN2019新款韩版小!	1,081	47	94	1.11%	2.72	13.04%			
26	539913880167	-	1,121	86	86	0.80%	2.50	12.67%			
27	544311338872	-	120	5	10	2.50%	6.67	12.50%			

图 3-25　收藏加购比例

（二）直通车测款

将达到选款标准的商品加入直通车进行二次测款。

1. 新建推广计划

单击【卖家千牛中心】→【我要推广】→【直通车】→【新建计划】。投放平台可设置为移动设备的淘宝站内推广。对于 CAILIN SHOP 店铺而言，98% 的订单来源于淘宝站内移动端，极少订单来源于淘宝 PC 端以及站外，所以 CAILIN SHOP 店铺在测款时选择了移动设备的淘宝站内推广。

投放地域设置在包邮地区。为避免过高的运费成本，测款时可根据发货地的地理位置进行选择，避免对边远地区进行包邮。后期可投放店铺买家集中的地域。

投放时间可使用行业模板设置，也可根据店铺实际情况选择投放时间。对于新品测试，CAILIN SHOP 店铺的投放时间为 8:00—23:00。

2. 添加商品和关键词

单击【新建宝贝计划】→【宝贝测款】→【标准推广自定义】，进入页面添加商品。关键词数量控制在 10 个左右，必须是精准词。根据商品延伸情况进行选择，如 CAILIN SHOP 店铺的爆品是女单鞋，投放关键词可以设置为"软皮女单鞋""平底女单鞋软皮""方头平底女鞋"等。店铺如果没有明确的目标人群，可暂不设置推荐人群。

三、优化商品设置

（一）上架时间

在店铺流量大的时间段上架商品。

（二）商品标题

保留原有的流量高的关键词，删掉无流量的关键词，加入新词。

（三）详情页布局

详情页布局一般由首屏聚焦、场景带入、卖点强化、价值塑造、帮客户做决定五部分构成。详情页布局优化可参考表 3-10。

表 3-10 详情页布局优化参考

结　　构	优 化 参 考
首屏聚焦	1. 焦点图(引起客户注意)
	2. 目标客户群设计
场景带入	3. 场景图(激发潜在客户的消费需求)
	4. 搭配推荐区(场景化搭配,提升客户的购买代入感)
卖点强化	5. 为什么购买(好处设计)
	6. 为什么购买(痛点设计)
	7. 商品属性
	8. 商品细节图展示
	9. 同类商品对比＋如何辨别真假(消除客户的顾虑)
	10. 客户评价(增加信任)
	11. 店铺商品保障(信任转变为信赖)
价值塑造	12. 拥有后的感觉塑造
	13. 给客户合理的购买理由(送恋人、送母亲、送朋友等)
	14. 品牌介绍增值
帮客户做决定	15. 购买号召(为什么立刻在我店购买)
	16. 售后说明(无后顾之忧)
	17. 同类推荐

四、加大推广

(1)除日常的店铺推广外,对于筛选出来的有潜力成为爆款的商品,使用直通车和钻展进行重点推广。

(2)报名聚划算、品牌团活动进一步提升销量。

(3)利用多种平台如移动新闻客户端、BBS、微博、微信、社区论坛等传达商品信息,增加店铺访问量。

五、活动策划

CAILIN SHOP 店铺报名参加"双 11"活动,策划了具体的促销活动,如表 3-11 所示。

表 3-11　"双 11"系列活动策划

活动主题	活动时间	天数	活动内容
"双 11"活动	预热 11 月 1—10 日	10	优惠券:满 200 元减 20 元、满 300 元减 30 元、满 500 元减 50 元 收藏加购有礼:收藏加购商品送现金红包 无门槛优惠券秒杀:每天早上 10 点、晚上 10 点,各提供 5 张 20~50 元无门槛优惠券供秒杀 提前付定金双倍减:11 月 1—10 日期间主推爆款商品提前付定金 25 元,并于 11 月 11 日下单购买可抵扣 50 元 签到有礼:连续签到 5 天,送现金红包
	11 月 11 日当天	1	优惠券:满 200 元减 20 元、满 300 元减 30 元、满 500 元减 50 元 下单前 10 送:11 月 11 日 00:00 开始,下单的前 10 名客户送魅可口红一支(一个账户限领一次) 满送:11 月 11 日当天订单额满 1 100 元送阿玛尼口红一支 秒杀活动:11 月 11 日 11:11 开始抢购 111 元特价商品(11 件旧款商品) 第二件半价:特定区商品购买第二件享半价优惠(选定 20 种旧款商品放在特定区) "双 11"必抢榜单:10 种爆款备选品
"双 11"返场活动	11 月 12—13 日	2	优惠券:满 200 元减 20 元、满 300 元减 30 元、满 500 元减 50 元 最后一天优惠:订单满 1 100 元送魅可口红一支 第二件半价:特定区商品购买第二件享半价优惠(选定 20 种旧款商品) "双 11"TOP 10 款:选定 10 款畅销商品

⚙ **平台拓展**

速卖通店铺打造爆款商品操作

一、爆款商品筛选

常用的打造爆款商品筛选方法有两种：

方法一：选择店铺中已有一定销量的商品。所选的商品要有基础销量，好评率较高，属于应季商品，库存充足，性价比高，且平台成交转化率处于上升期。

方法二：选择店铺中的新品，从基础销量做起。商品名称在热门搜索词中靠前且同行竞争压力较小，具有一定发展潜力。

二、爆款商品测试

以上述第一种方法为例，在活动临近期，打造爆款商品，缩短平缓期，快速提升订单转化率。

单击【数据纵横】，根据店铺数据利用方法一筛选出 3～5 款商品进行爆款商品测试。

（1）新建快捷推广计划，加入筛选的商品，尽量多地添加匹配的流量词，让商品最大化曝光。

（2）用 7～10 天的时间观察商品的数据变化，对商品的曝光率、点击率、收藏量、销量以及转化率进行分析。

（3）将数据最好的一款商品（高曝光、高点击率、高收藏量）加入重点推广计划。

三、优化商品设置

（一）标题优化

商品标题应准确、完整、简洁，包含买家最关注的商品属性，突出商品卖点，一般由品牌＋商品材质／特点＋商品名称＋物流运费＋服务＋销售方式构成。

例如，在速卖通平台热销的一条 H&Q 品牌长裙的标题 "H&Q New Fashion V Neck Slim Sexy Asymmetrical Backless Floor-Length Summer Club Party Women Dress 4 Color Size S-L Free Shipping 01-232" 包含了商品的品牌、领型、轮廓外形、裙长、适合穿着场合、颜色、尺码、物流运费、型号等多项信息，并用 "Dress" 作为核心词，体现了买家可能搜索到的关键信息，有利于商品曝光，是一个优质的标题。

（二）详情页优化

详情页优化可参考表 3-10，部分国家的买家倾向于阅读文字，所以详细的产品文字描述不仅可以增加权重，更有助于提升买家体验。

四、改善物流

开设海外仓不仅可以降低基础成本，同时还能够提高订单量。同款商品，海外仓与国内仓发货，销售转化率相差 3 ～ 4 倍。

假设买家来自俄罗斯，发货地有中国和俄罗斯，中国售价为 59 美元，俄罗斯售价为 65 美元，虽然从俄罗斯发货贵 6 美元，但买家选俄罗斯发货的概率比选中国要大得多。因为对于跨境电商而言，买家更在意的是收货的安全和时效。尤其是遇到售后问题需退货、换货时，海外仓无疑具备相当的优势，买家体验更好。

五、加大推广

（一）直通车重点推广

1. 选词

系统推荐的关键词，建议全部添加。

2. 竞价

将所选关键词加入直通车推广计划，关键词会被评为三种状态："优""良""--"。

（1）推广评分为 "优" 的词，在不超出承受范围内合理出价，出价后需到前台查看具体展示位，是否达到预期位置。

（2）推广评分为 "良" 的词，需要选择性竞价，选择与商品相关性强的关键词竞价。

（3）推广评分为"--"的词，目前阶段可以果断删除。

（二）平台推广

报名速卖通平台活动，如 Flash Deal、团购等，快速提升商品销量。

（三）站外引流

根据店铺具体情况适当进行站外引流，如国外主流的社交平台、视频网站和导购网站等。

六、活动策划

参与平台节假日促销活动，并根据实际情况策划店内的营销活动，可参考表 3-11"双 11"系列活动策划。

知识链接

一、爆款商品的含义

爆款商品是指在商品销售中供不应求、销售量很高的商品。

二、ifashion标签的含义

ifashion 是淘宝推出的时尚互动平台，助推年轻设计师的成长。ifashion 标签代表着潮流店铺，意味着店铺具有较高的人气与竞争力。淘宝店铺入驻 ifashion，可以获得平台的推送机会，有助于积累店铺客户。

三、自然流量测款

店铺不使用付费工具，仅通过免费流量进入店铺内的客户的新品点击率、加购收藏数、支付转化率等数据来评价商品的受欢迎程度。

实战应用

任务 1：淘宝店铺打造爆款商品。

要求：登录淘宝店铺，分析数据，通过爆款商品筛选、爆款商品测试、优化商品设置、加大推广以及活动策划来打造一种爆款商品，完成表 3-12。

表 3-12　淘宝店铺打造爆款商品实战记录表

序　号	实 战 任 务	具 体 要 求	实 战 记 录
1	爆款商品筛选	选出具备爆款潜质的商品	
2	爆款商品测试	分析数据，找出爆款商品	
3	优化商品设置	对优质商品进行优化设置	
4	加大推广	加大商品的推广力度	
5	活动策划	结合平台节日，策划店铺活动	

任务 2：速卖通店铺打造爆款商品。

要求：登录速卖通店铺，分析数据，通过爆款商品筛选、爆款商品测试、优化商品设置、改善物流、加大推广以及活动策划来打造一种爆款商品，完成表 3-13。

表 3-13　速卖通店铺打造爆款商品实战记录表

序　号	实 战 任 务	具 体 要 求	实 战 记 录
1	爆款商品筛选	选出具备爆款潜质的商品	
2	爆款商品测试	分析数据，找出爆款商品	
3	优化商品设置	对优质商品进行优化设置	
4	改善物流	在条件允许的情况下利用海外仓改善物流环节	
5	加大推广	加大商品的推广力度	
6	活动策划	结合平台节日，策划店铺活动	

课后作业

1. 属于爆款商品特点的有（　　　　　　）。

　　A. 应季商品，符合大众消费理念　　B. 质量好，产品贵

　　C. 有一定的利润空间　　D. 和其他商品有一定的关联购买度

2. 有助于挑选爆款商品的数据有（　　　　　　）。

　　A. 商品访客数　　B. 商品加购件数

　　C. 商品收藏人数　　D. 支付转化率

　　E. 访客平均价值

3. 收藏加购比例 =＿＿＿＿＿＿＿＿＿＿＿＿＿＿＿＿＿＿＿＿＿＿

🔲 任务评价

类别	序号	考核项目	考核内容及要求	分值/分	学生自测	学生互测	教师检测	分数
技术考评（80分）	1	质量	选出具备爆款潜质的商品	15				
	2		分析数据，找出爆款商品	20				
	3		对优质商品进行优化设置	15				
	4		加大商品的推广力度	15				
	5		策划店铺活动	15				
非技术考评（20分）	6	态度	学习态度端正	5				
	7	纪律	遵守纪律	5				
	8	协作	团队合作状况良好	5				
	9	文明	保持安静，清理场所	5				
总分：								

任务 4　建 立 品 牌

店铺想要有长远的发展，必须建立自己的品牌。品牌是优秀商品的衍生价值，它依托于商品，折射出店铺特有的文化和灵魂，是附着在商品上的知名度、美誉度和识别度。建立品牌有助于店铺提升形象、细分市场，有利于客户搜索与传播，增强客户的黏度，提高商品的辨识度与竞争力。

 案例学习

裂帛品牌的成长

裂帛是知名的独立设计品牌，其天猫店首页如图 3-26 所示。裂帛坚持有所为、有所不为的独立、鲜明立场，旗下拥有女装品牌：裂帛、所在、莲灿、ANGELCITIZ、LADY ANGEL，男装品牌：非池中。裂帛用服饰表达着人们对色彩、自然共通的热爱、情感，分享内心的感动和喜悦。如今，裂帛已成为独立设计品牌服装集团之一，商品远销海外多个国家与地区，向世界潮流和国际时装界输出东方的文化价值与美好体验。

图 3-26　裂帛天猫店铺首页

2006 年 11 月，裂帛品牌正式诞生。大风、小风两个设计师，大风当模特，小风当摄影师，开始努力实现"设计漂亮的衣服，卖给喜欢它们的人"的梦想。她们为每款衣服取了名字、写了小诗，将日记本里的文字搬进了商品描述中，如图 3-27所示。

图 3-27　详情页中穿插的营销文案

"裂帛的字面意思是撕裂丝帛，当然也可以撕裂礼服，撕裂规则，撕裂那些委屈的情感，撕裂苍白的人生，人生需要裂帛的勇气。"大风、小风用这样的语言表达自己的品牌主张。鲜明的个性、强烈的情感、独树一帜的品牌风格融入商品中，体现在店铺装修上，宣传于店铺内外。

裂帛品牌先后获得淘品牌认证和天猫原创认证。

2012 年 6 月 1 日，淘品牌正式更名为天猫原创，是指在天猫平台上诞生成长的年轻品牌，这些年轻品牌气质非凡，是各个细分领域的佼佼者。

认证天猫原创需要提交营业执照等信息，交纳天猫保证金，具体认证方法如下：

登录天猫店铺后台，单击【商家中心】→【店铺设置】→【新增品牌 / 类目】，如图 3-28 所示。

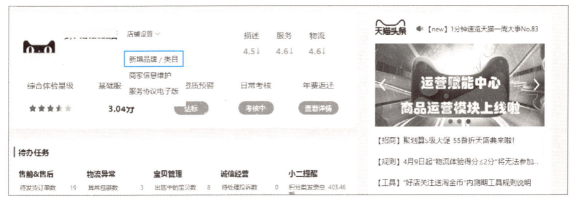

图 3-28　进入品牌管理页面

进入品牌管理页面，单击【申请新品牌】，如图 3-29 所示。

图 3-29　申请新品牌

第一次申请品牌时，系统会提示"申请须知"，如图 3-30 所示。

图 3-30　申请须知

单击【下一步】，填写自己品牌的相关信息，如图 3-31 所示。

图 3-31　填写品牌信息

上传品牌资质文件，如图 3-32 所示。

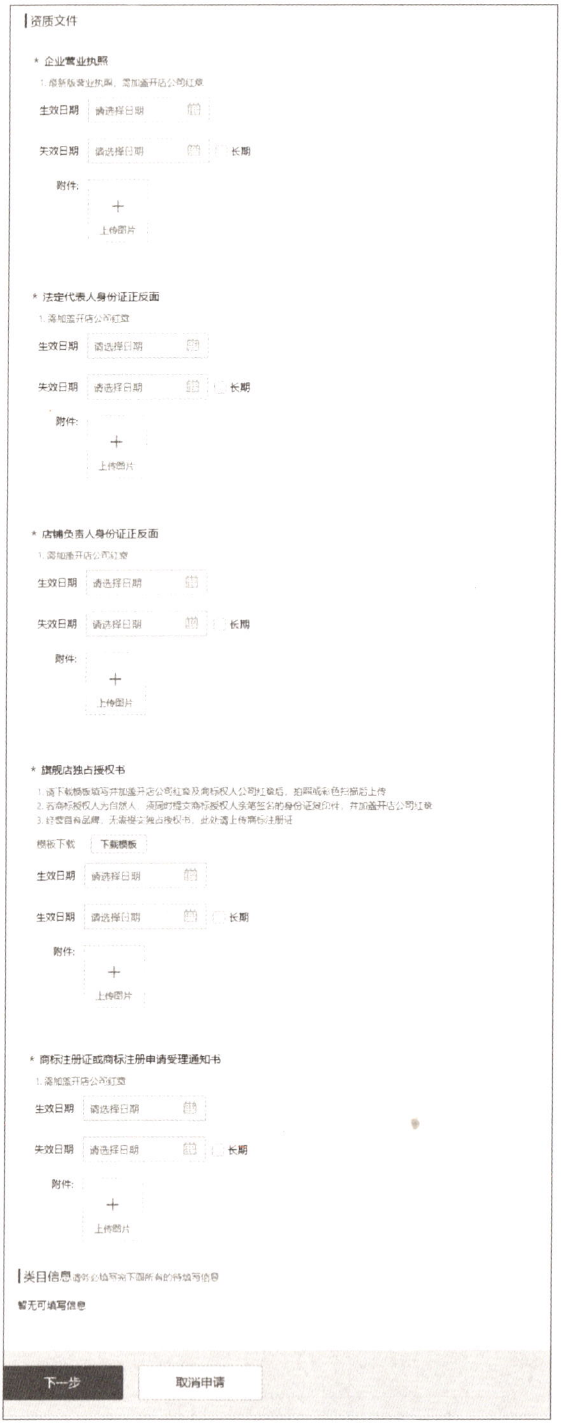

图 3-32　上传品牌资质文件

提交申请后，等待品牌评估和资质审核。

⚙ 平台拓展

速卖通品牌申请

登录速卖通店铺后台，单击【我的速卖通】→【账号及认证】→【我的申请】，如图 3-33 所示。

图 3-33　进入品牌申请页面

单击【我的品牌申请】，如图 3-34 所示。

图 3-34　我的品牌申请页面

单击【新申请】，如图 3-35 所示。

图3-35　品牌新申请

输入品牌名称，单击【查看品牌】，选择品牌对应类目，并提交相关商标资质申请资料，如图 3-36 所示。商标资质申请资料可为进货发票（仅限机打发票）、品牌授权书、商标受理通知书或商标注册证书（照片），四选一即可。

图3-36　申请品牌授权

提交申请后，等待品牌授权审核，如图 3-37 所示。

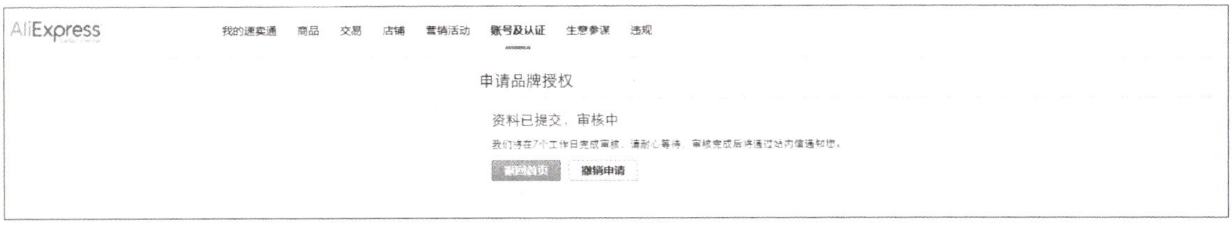

图 3-37　品牌授权审核

知识链接

一、认证天猫原创不通过的原因

认证天猫原创要具备一定的条件，一般不予通过的原因如下：

（1）该品牌商品经两次抽检均被证实不符合国家强制性质量标准。

（2）该品牌经天猫判定对他人商标、商品名称、包装、企业名称、商品质量标志等构成仿冒或容易造成消费者混淆、误认。

二、速卖通品牌商品的商标证明文件

在速卖通开店经营品牌商品，需要提交品牌商品的商标证明文件。

对于已经获得注册证的品牌商品，即已经拥有商标（R 标）的品牌商品，需要提供给速卖通的商标证明文件一般是商标注册证。对于正在申请商标过程中的品牌商品，即拥有 TM 标的品牌商品，需要提交含申请号的商标申请书和商标受理通知书。

三、速卖通平台对"商标"的要求

（1）英文注册商标。

（2）注册地为中国或海外。

（3）拥有商标注册证或商标注册申请受理通知书。

（4）不支持添加纯图形商标。

（5）注册的品牌不涉及行业大词（如运动行业商标中含有 running、run 等）、搜索热词（如箱包行业商标中含有 pack 等）、人名、地名或已知品牌名称（类似于 Jimmy Chow、Nike 等）。

■ **实战应用**

任务：天猫原创品牌分析。

要求：搜索查询 5 个不同领域的天猫原创品牌，分析品牌文化，完成表 3-14。

表 3-14 分析原创品牌实战记录表

实 战 任 务	品 牌 名 称	品 牌 文 化
搜索查询5个不同领域的天猫原创品牌	品牌1:	
	品牌2:	
	品牌3:	
	品牌4:	
	品牌5:	

■ **课后作业**

1. 2012 年 6 月 1 日，淘品牌正式更名为：_____

2. 列举两个你熟悉的天猫原创品牌：_____

🔲 任务评价

类别	序号	考核项目	考核内容及要求	分值/分	学生自测	学生互测	教师检测	分数
技术考评（80分）	1	质量	品牌1的文化分析	16				
	2		品牌2的文化分析	16				
	3		品牌3的文化分析	16				
	4		品牌4的文化分析	16				
	5		品牌5的文化分析	16				
	6	态度	学习态度端正	5				
非技术考评（20分）	7	纪律	遵守纪律	5				
	8	协作	团队合作状况良好	5				
	9	文明	保持安静，清理场所	5				
总分：								

■ 项目4 客户服务

项目导入

客户服务工作主要是利用各种工具为客户提供购物咨询、导购、售后解答等相关服务。客户服务工作要求客服人员熟练掌握客服工具和主流电子商务平台的基本操作，全面了解和认识商品知识和商品价值，掌握有效接待客户、有效促成交易的技巧，具备客户关系管理的能力等。与传统客户服务相比，电子商务活动中的客户服务对网络具有极高的依赖性。

客户服务项目包括三个任务，依次是：智能客服、制作客服工作手册、会员管理。"任务1 智能客服"通过使用智能客服工具，提升店铺客户服务的层次；"任务2 制作客服工作手册"通过独立制作客服工作手册，了解客服日常工作规范和所需技能；"任务3 会员管理"通过设计会员体系吸引新客户，增强客户黏度，提高客户忠诚度。

学习目标：

1. 诚实守信，不夸大商品功能；具备法律意识，遵守平台规定；注重话术技巧，积极为店铺争取更多的订单。

2. 全面了解客服知识、客服工作规范和客服标准话术。

3. 会使用智能客服工具；能够完成客服日常工作；能够理解并处理客户提出的问题。

4. 能够根据会员管理的需要采集客户数据信息，分析客户数据，为客户提供精准服务。

任务1　智 能 客 服

　　客服人员是企业与客户之间沟通的桥梁，无论是售前的商品服务咨询，还是售后的维修、投诉，都离不开客服人员。随着人工智能技术的发展，智能客服机器人逐渐进入客服工作岗位，帮助企业降低人工成本，提高工作效率。店小蜜是阿里巴巴针对电商推出的智能客服机器人，能根据天猫、淘宝及 1688 商家的需求，帮助其实现全天候、高质量的智能客服接待工作。

 案例学习

韩都衣舍智能客服店小蜜立大功

　　每年"双 11"都是流量暴增的阶段，多数卖家都会通过增加临时客服的方式来应对，但临时客服培训周期短，服务经验少，造成了服务水平低的问题。为了应对大量的客户咨询问题，淘宝平台于 2017 年推出了店小蜜试用版。2017 年 11月 11 日，韩都衣舍把店小蜜加入到客服团队中负责日常客户接待，在当日接待的24 万名客户中，店小蜜的接待量占了 73%，问题解决率达 70%，为韩都衣舍的"双11"大促活动圆满收官立下大功。

　　自 2017 年至今，智能客服店小蜜一直在韩都衣舍客服系统中扮演着不可或缺的重要角色。韩都衣舍客服团队通过调整维护，使店小蜜成长为一个"有温度、有情感、有速度、有效率的客服能手"。如图 4-1 所示，依靠店小蜜的帮助，韩都衣舍的店铺动态评分中，与服务有关的各项数据均高于行业平均水平。

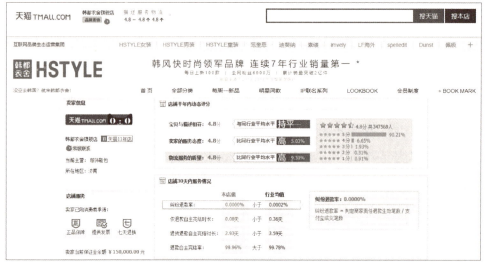

图4-1　韩都衣舍店铺动态评分

开通及设置店小蜜的操作如下：

一、开通店小蜜

店小蜜使用
方法

单击【千牛卖家中心】→【客户服务】
→【阿里店小蜜】，进入开通店小蜜引导
页面，如图 4-2 所示。

根据页面提示完成阿里店小蜜的开

通，进入店小蜜工作页面，如图 4-3 所示。

图4-2　开通"店小蜜

图4-3　店小蜜工作页面

二、欢迎语配置

单击【首页】→【欢迎语配置】，如图 4-4 所示。在"欢迎语配置"板块中，对店小蜜昵称进行修改，对默认时间段或自定义时间段展示不同的欢迎语卡片、新增卡片问题、转人工配置等进行设置。

图 4-4　欢迎语配置

（一）欢迎语卡片设置

欢迎语卡片是客户进入店铺客服聊天窗口后由智能客服推送的欢迎语句，例如："欢迎光临韩都衣舍，我是客服小韩，很高兴为您服务。"欢迎语卡片问题分为"智能预测＋人工配置"和"全部由人工配置"，如图 4-5 所示。

图 4-5　欢迎语卡片设置

（二）新增卡片问题

单击【＋新增卡片问题】,即可在"聊天互动""商品问题""活动优惠""购买操作""物流问题"等多个板块中添加预设问题,同时还可以对答案进行有针对性的修改,如图 4-6 所示。

图4-6　新增卡片问题

（三）转人工配置

当客服机器人无法回答客户提出的问题时,就需要转入人工客服继续提供服务,如图 4-7 所示。手动转人工客服指机器人回答不了问题时会显示转人工引导语,由客户点选连接人工客服。自动转人工客服指机器人回答不了问题时系统自动转接人工客服,无需客户点选。也可以在"直连人工"对话框中选择相应问题，当客户咨询相关问题时会直接进入人工客服。

图4-7　转人工配置

三、问答知识配置

如图 4-8 所示，单击【问答知识配置】，系统会在"全部知识"板块中对本店铺客户的高热度问题进行排序，卖家可以根据客户的高热度问题进行答案设置。

图4-8　问答知识配置

同时可以对"聊天互动""商品问题""活动优惠""购买操作""物流问题""售后问题"等专项问题的答案进行设置，如图 4-9 所示。

单击【新建自定义问题】，可以添加系统当中没有的问题并设置答案，如图 4-10 所示。

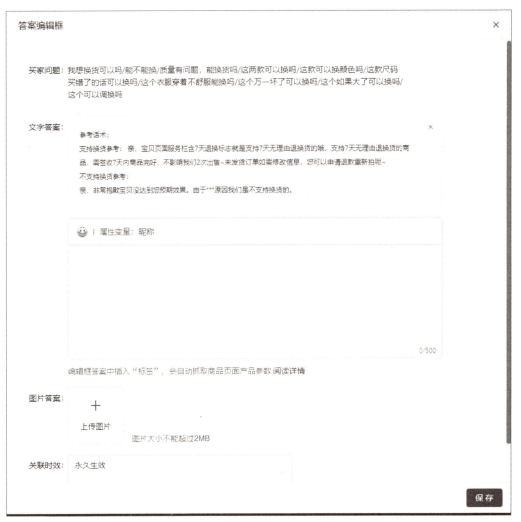

图4-9　答案编辑框

图4-10　新建自定义问题

四、问答测试

在店小蜜任意页面，单击页面右侧的黄色图标【TEST】，即可打开问答测试窗口，如图 4-11 所示。在窗口中可以输入任意问题，即可测试当前店小蜜对问题 / 关键词的应答情况。如果对自动应答的答案不满意，单击【修改答案内容】即可对相应的问题 / 关键词的应答内容进行修改。

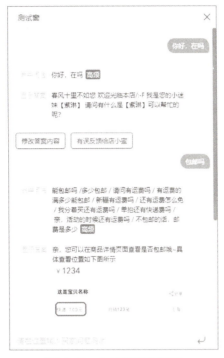

图 4-11 问答测试窗口

五、开启店小蜜全自动模式

开启店小蜜全自动模式后，即可激活店小蜜自动运行。单击店小蜜页面顶部的【立即开启】，打开店小蜜全自动客服模式，如图 4-12 所示。

图 4-12 开启店小蜜全自动模式

如果开启店小蜜前没有开通子账号，则系统会提示领取一个子账号，按照提示领取并给子账号开通"分流管理"权限即可，如图4-13所示。至此，店小蜜已完成初步设置并开始运行。

图4-13 领取子账号并开通"分流管理"权限

在店铺运营过程中需要不断地对问题及答案进行添加或修改，逐步完善问答知识库中的内容。知识库配置不完善，会影响店小蜜的接待质量及店铺服务水平，从而影响店铺转化率。

⚙ **平台拓展**

速卖通智能客服

在速卖通平台上可以通过使用经速卖通官方授权的第三方服务软件（如店小秘）实现智能客服的相关功能。

一、注册店小秘账号

登录店小秘网站（http://www.dianxiaomi.com），单击【注册】后填写相关信息即可完成账号注册过程，如图4-14所示。

图4-14 店小秘网站首页

二、速卖通店铺授权

登录店小秘后，需要完成对应店铺的授权才能进行相关设置，如图 4-15 所示，找到速卖通 Logo 图片，单击【添加授权】进入授权流程。

图4-15　店铺授权

单击【点击此处订购】后根据提示登录速卖通，付费购买并使用店小秘服务，在提示授权成功后即完成授权，如图 4-16 所示。

图4-16　添加速卖通授权

三、店小秘客服相关内容设置

店小秘在速卖通平台上支持"批量发消息""付款发消息""发货提醒""自动催付""自动评价""延迟发货"等智能客服功能。在店小秘后台单击【客服】→【智能客服】→【付款消息】，在页面中进行相关设置后即可自动对已付款客户发送消息，如图 4-17 所示。

图4-17　设置付款消息

💬 知识链接

一、店小蜜使用建议

对于客服人员为 1 ~ 2 人、日接待客户数低于 50 人的店铺，建议使用免费的基础版店小蜜。这类店铺由于规模小，客服人员往往需要兼任店铺管理或打包发货等其他工作，店小蜜能帮助客服人员回答部分常见问题，解放人力，并且在夜间自动接待，减少客户的流失。基础版店小蜜赠送的免费流量和坐席足够满足这种规模的店铺的需求。

对于日接待客户数高于 50 人的店铺，建议使用 2 388 元 / 年的专业版店小蜜。专业版店小蜜在问答能力、数据分析能力、接待能力及流量与坐席容量上比基础版店小蜜有较大的提升，能有效地缩减人工客服数量，提升人工客服的价值。

二、店小蜜优势

人工客服遇到的难题可以运用店小蜜解决，如表 4-1 所示。

表 4-1　人工客服难题与店小蜜优势

序　号	人工客服难题	店小蜜优势
1	招聘、培训、管理成本高，回复品质难控制	永远不离职、回复品质可控
2	高峰期间人工客服忙不过来，夜间无人工客服值守	能同时应对大量客户，不爆线，24 小时全天接待，不遗漏每一位客户
3	人工客服每天应对大量重复咨询，浪费人力	重复咨询可以智能回复，个性问题可以转接人工客服回复，节省人力，提升人工客服的价值

三、店小蜜的接待功能

（1）动态回复商品参数：店小蜜能自动识别商品链接，无链接时能自动读取咨询来源商品，自动抓取商品参数值进行回复。

（2）智能尺码推荐：店小蜜能关联商品与尺码表，根据尺码表信息和客户数据智能推荐尺码。

（3）主动营销：店小蜜能向客户主动推送优惠券及商品卖点，在特定场景下还能主动推荐搭配商品信息，提高客单价。

（4）智能意图导购：店小蜜能识别客户求购意图，判断客户喜好进行商品推荐。客户咨询的商品无货时，店小蜜还能智能推荐同类型的商品。

（5）一站式退换货：店小蜜支持对客户的退换货咨询并添加了直接操作入口按钮，让客户从咨询页面直接进入操作页面。

四、店小蜜的管理功能

店小蜜提供热门咨询商品及问题的诊断分析数据，让客服管理团队能根据数据对问答知识库进行数据化运营管理。如图 4-18 所示，在知识功能诊断页面，可以了解到一定时间内店小蜜接受客户咨询量最大的问题有哪些。针对这些问题进行答案优化调整，可以提升客户满意度，进而提升成交率。

图4-18　店小蜜诊断分析功能

■ 实战应用

任务：设置淘宝店小蜜智能客服。

要求：登录自己的淘宝店铺，对店小蜜进行初步设置并开通运行，填写表 4-2。

表 4-2　淘宝店小蜜设置实战记录表

序　　号	实 战 任 务	具 体 要 求	实 战 记 录
1	欢迎语配置	1. 修改店小蜜昵称 2. 修改默认时间段下的欢迎语，添加5条欢迎语卡片问题	
2	问答知识配置	挑选"聊天互动""商品问题""活动优惠""购买操作""物流问题""售后问题"板块中各10个常见问题的答案进行修改	
3	子账号分流及全自动模式设置	1. 完成子账号的领取及分流设置 2. 开通店小蜜全自动模式	

📖 课后作业

1. 店小蜜的欢迎语卡片问题设置中，系统能智能推荐（　　　　　）条自定义问题。

    A. 3　　　　　　　　　　　B. 4

    C. 5　　　　　　　　　　　D. 6

2. 设置店小蜜的欢迎语时，如果自定义时间段与默认时间段发生冲突，则以_____优先。

3. 店小蜜能帮助店家解决的客服问题有：

（1）_____

（2）_____

（3）_____

➖ 任务评价

类别	序号	考核项目	考核内容及要求	分值/分	学生自测	学生互测	教师检测	分数
技术考评（80分）	1	质量	完成欢迎语配置	20				
	2		完成问答知识配置	40				
	3		完成子账号分流及全自动模式设置	20				
非技术考评（20分）	4	态度	学习态度端正	5				
	5	纪律	遵守纪律	5				
	6	协作	团队合作状况良好	5				
	7	文明	保持安静，清理场所	5				
总分：								

任务 2 制作客服工作手册

客服的日常工作就是通过优质的沟通话术，解决交易过程中出现的各类问题，例如解决售前的购物咨询、售中的商品推介、售后的物流纠纷和交易纠纷等，促成交易的顺利完成，除此之外还需要通过专业的服务增加关联销售，从而提高客单价。卖家可以把客服工作要求、话术、规范等客服相关的工作写入客服工作手册中，以规范客服的日常工作。

🙂 案例学习

利用客服工作手册，规范客服日常工作

膜法世家是一家专营面膜的天猫店，其首页如图 4-19 所示。膜法世家产品以其独树一帜的产品定位、纯天然植物护肤的产品理念以及专为东方女性研发的设计思路，一上市就受到众多买家的欢迎，成为淘宝网上热门的护肤品牌。如今，膜法世家已发展成为中国化妆品行业的新锐品牌。

图4-19 膜法世家网店首页

膜法世家作为一家大型网店，仅客服人员就有 90 人，要管理好客服团队，

不仅需要严格的岗前培训，还需要为客服人员提供一套详细的工作手册。图4-20和图4-21就是膜法世家天猫旗舰店为了更好地规范客服工作所编制的通俗易懂的客户服务工作手册。

Mask Family 1908
膜法世家·1908

膜法世家天猫旗舰店
客户服务工作手册

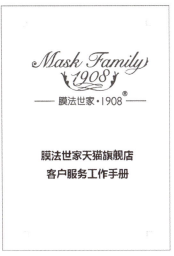

图4-20 膜法世家天猫旗舰店客户服务工作手册封面

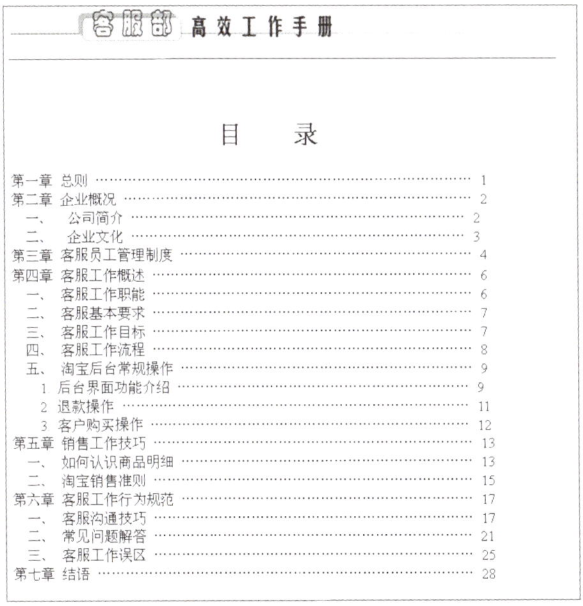
客服部 高效工作手册

目 录

图4-21 膜法世家客户服务工作手册目录

客服工作手册要包含客服工作的主要内容，同时兼顾企业自身定位、客户群特点等的各种知识和技能。膜法世家客服工作手册主要包括六大内容，如图4-22所示。

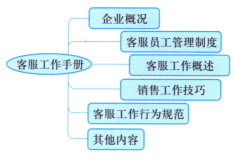

图 4-22 客服工作手册编制纲要

一、企业概况

企业概况简要地介绍公司的具体情况和企业文化，为的是让客服人员了解公司的概况、企业文化及价值观，更好地认识企业和把握企业定位，如图 4-23 所示。

企业宗旨：品质第一，服务第一，团队第一
品牌理念：天然、奢华、纯美
企业精神：勇于探索，敢于拼搏

图 4-23 膜法世家企业文化

二、客服员工管理制度

俗话说“无规矩不成方圆”，员工管理制度是用来规范员工的工作行为，提高管理效能，减少差错的。膜法世家专门制定了针对店铺客服工作人员的员工管理制度，如图 4-24 所示。

膜法世家天猫旗舰店客服员工管理制度

一、上班时间（早班、晚班轮换）。

1.早班 08:00—17:00 ，20 人。

2.晚班 17:00—01:00，20 人。

3.常班 09:00—18:00，50 人。

每人每月可休息 4 天，休息时间依据当月排班表执行，晚班客服下班时间原则上以 01:00 为准（值班除外），如还有客户在咨询，接待客服工作自动延长。

二、每位客服需具备并及时填写三本记录本。

1.问题登记本：在工作过程中，每遇到一个问题马上记录下来，每周将本子交给负责人汇总处理。

2.服务统计本：在工作中要学会记录，记录自己服务的客户数量、成交的客户数量，以计算转化率，学会做事，学会思考，才会有进步。

3.交接记录本：早班、晚班交接时，登记好移交客户的情况，如哪些事情是要立即处理的，哪些潜在客户是需要去联系的。

三、新产品上架前，由客服组长负责给普通客服人员介绍新产品，客服人员必须在新产品上架前掌握产品属性。新客服人员有权利要求客服组长介绍自己想了解的产品，有义务去认识所有产品。

四、接待好来咨询的每一位客户，文明用语，礼貌待客，不得影响公司形象。如果因服务原因收到客户投诉，根据具体情况进行处理，给予相应的处罚。

五、每销售完一笔订单，都要到交易订单里面备注自己的工号，插上小红旗，以抓取订单计算提成，如因没备注而少算提成，自己承担损失。

六、上班时间不得迟到，有事离岗需向主管请示且请假条需主管签字方可生效，并执行员工薪资管理制度。

七、上班时间不得做与工作无关的事情，非 QQ 客服，除阿里旺旺外，一律不准上 QQ、私人的阿里旺旺等，严禁私自下载安装软件。第一次发现违规罚款 10 元，第二次发现违规罚款 30 元，屡教不改者给予开除处理。

八、保持桌面整洁，保持办公室卫生，每天上班前要清洁自己的办公桌，办公桌禁止放杂物。

九、公司新员工入职后，由部门主管安排新员工进行上机操作培训工作，上手快的新员工可以提前转正。

十、严格恪守公司秘密，不得将同事联系方式、客户资料等随意透露给他人，违者按公司相关条例处罚，情节严重者交由有关部门处理。

十一、所有罚款作为部门活动经费，由财务处统一收支并公布。

十二、其他未尽事项由部门经理决定。

附则

客服电脑使用规则：

1.未经允许不得私自在电脑上安装程序或插件。

2.未经允许不得私自在电脑上外接存储设备。

3.使用期间不得访问除淘宝以外的任何网站，如有工作需要，先请示负责人。

4.每周对电脑进行一次全面杀毒，消除安全隐患。

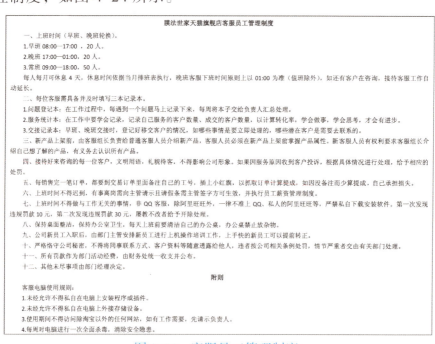

图 4-24 客服员工管理制度

三、客服工作概述

膜法世家通过客服工作概述（见图 4-25）直观系统地展示了客服工作的职能、要求、目标以及工作流程等内容。

图 4-25　客服工作概述

（一）明确客服工作职能、要求和目标

工作职能用来界定客服工作的范畴。明确目标和要求是为了更好地规范和激励员工，进而从整体上提升整个客服部门的服务水平。膜法世家客服工作职能、基本要求和目标，如图 4-26 所示。

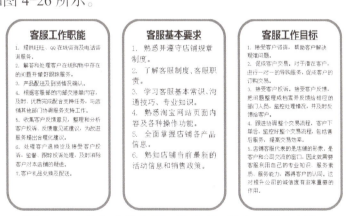

图 4-26　膜法世家客服工作职能、基本要求和目标

（二）使用流程图描述业务

客户购买操作流程和退款操作流程如图 4-27 和图 4-28 所示。

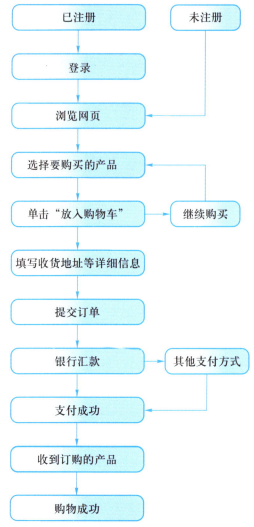

图 4-27 客户购买操作流程图

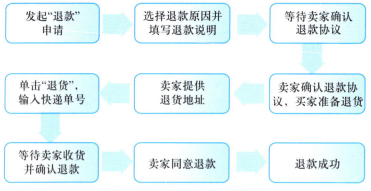

图 4-28 退款操作流程图

在本案例的客服工作概述这一章中，出现了大量的流程图，包括销售流程、客户购买操作流程、退款操作流程等，这相比大篇幅的文字说明更清晰、方便。

（三）提供操作说明

客服工作手册还要提供硬件设施的维护、后台软件系统的操作、客服工具软件操作指南等。在本案例中，如图 4-29 所示的带有注释的系统界面截图使客服人员在阅读学习时一目了然。

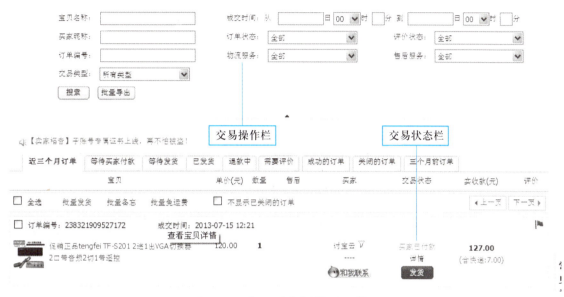

图4-29　淘宝后台操作界面截图

四、销售工作技巧

为了让客服人员更快更好地查阅店铺商品的各种属性参数，客服工作手册还要包括商品明细表。商品明细表应包含店铺所有商品的类目、规格、价格、数量、特点、特性以及其他各种必要属性的信息。

除此之外还应制定详细的产品销售规则，包括：最低售价、优惠条件、促销方法、搭配手段、客服权限等方面内容。膜法世家针对不同客户的销售规则，如图 4-30 所示。

等级	优惠制度
普通级	只要在本店有过交易的买家，系统会自动升级为普通会员，以后购物将享受 9.5 折优惠
白金级	累计购物满 500 元，以后购物将享受 9 折优惠
钻石级	累计购物满 800 元，以后购物将享受 8.5 折优惠

注：试用装换购产品，不参与累计活动。

各级别会员在购买本店所有产品（除换购小样和厂家特别促销产品外）时，均可按相应政策打折。

图 4-30　销售规则

五、客服工作行为规范

客服工作行为的规范体现了客服工作质量。本案例采用了大篇幅来阐述客服工作行为规范的具体内容，其中包括客服沟通技巧、常见问题解答、客服工作误区等。

（一）了解客户需求，根据需要推荐产品

向客户推荐产品要把握几个关键点：一是用多种方式了解和体察客户的需求，更精准地进行销售；二是换位思考，真正了解客户的想法；三是分析客户的最终目的，以达成交易。膜法世家在这一章里，列举了大量了解客户需求的实际例子，以及根据客户的这些需求有针对性地列出推荐的产品，使客服人员能在短时间内对客户的需求做出回应，如图 4-31 所示。

肤质	面膜系列	产品
油性、混合性皮肤	天然保鲜系列	绿豆泥浆面膜、酒糟面膜、蓝玉米面膜、生姜面膜
	植物粉搅拌系列	金盏花、薰衣草面膜
	自然能量系列	金桂蜜花瓣冻膜、咖啡竹盐面膜
中性皮肤	所有产品都适合，主要根据买家想要的功效去选择	
干性皮肤	天然保鲜系列	草莓酸奶面膜、燕麦羊初乳面膜、樱桃睡眠面膜、杏仁蜡菊面膜、红酒面膜、红枣燕窝面膜
	植物粉搅拌系列	玫瑰玻尿酸面膜、木瓜优酪乳面膜、抹茶优酪乳面膜
	自然能量系列	玫瑰花瓣冻膜、蓝莓乳酸冻膜
敏感性皮肤	适合仙人掌优酪乳面膜	
客户需求	推荐产品	
去痘	绿豆泥浆面膜、酒糟面膜、生姜面膜、薰衣草玻尿酸面膜	
细致毛孔	酒糟面膜、绿豆面膜、蓝玉米面膜、金盏花玻尿酸面膜	
去黑头	绿豆面膜、酒糟面膜、蓝玉米面膜、咖啡竹盐面膜、玄米牛乳面膜	
美白	绿豆面膜、蓝玉米面膜、杏仁面膜、燕麦面膜、红酒面膜、木瓜优酪乳面膜	
去角质、皮肤变细嫩	蓝玉米面膜、燕麦面膜、咖啡竹盐面膜、玄米牛乳面膜	
保湿补水	樱桃面膜、草莓面膜、红酒面膜、杏仁面膜、玫瑰玻尿酸面膜、玫瑰花瓣冻膜、蓝莓冻膜	
抗皱、抗氧化	杏仁面膜、红酒面膜、蓝玉米面膜、玫瑰玻尿酸面膜、玫瑰冻膜、抹茶优酪乳面膜	
去痘印	绿豆面膜、蓝玉米面膜、薰衣草面膜、金盏花面膜	
排毒养颜	绿豆面膜、金桂蜜花瓣冻膜、抹茶优酪乳面膜	

图 4-31　面膜推荐列表

（二）加入常见问题及回答

对于客户经常会提到的问题，可以把标准回答添加到旺旺的快捷短语中，并熟悉每句话的用处和位置，在接待时可以直接单击发送给客户。客服工作手册中制定的快捷短语、对于客户议价的用语、售后服务使用的快捷短语等，极大方便了客服人员开展业务。

（三）强调服务态度与接待技巧

网络客服有一个特点：买卖双方互相看不到，却在进行着实时的问答与沟通。所以，客服态度的好坏完全是在阿里旺旺对话中体现出来的。回复得慢了一点，或者一句话说得不合适，就会引起买家的误会。客服工作手册必须强调客服人员的服务态度和接待技巧。本案例中，大量生动活泼的接待例子被收入了客服工作手册中，如图 4-32 所示。

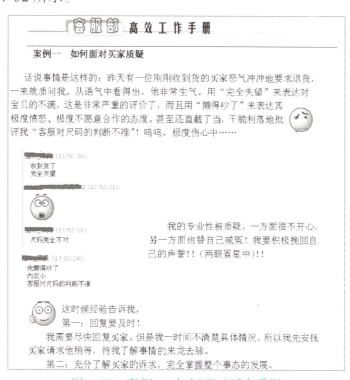

图 4-32　案例一：如何面对买家质疑

六、其他内容

客服工作手册的总则简单说明制定本手册的重要意义，最后一章结语是总结。整个客服工作手册首尾呼应、脉络清晰、有条有理、简单实用，保障了店铺客服工作能持续高效的运转，为店铺的规范运营起到了保驾护航的作用。

⚙ 平台拓展

速卖通店铺客服日常工作

速卖通买家一般使用站内信、订单留言、SNS 软件向卖家进行咨询，很少使用阿里旺旺，使用的客服沟通平台与淘宝店铺不同。

一、根据各个国家特点制作客服工作手册

不同国家买家语言、购物习惯不同，出现的问题也不同，需要对客服话术进行优化，满足不同国家买家的需求。例如在使用英语的国家，多以小短文的形式进行沟通。

1. 询问产品信息时的回复

Hello, my dear friend. Thank you for your visiting to my store, you can find the products you need from my store. If there is not what you need, you can tell us, and we can help you to find the source, please feel free to buy anything! Thanks again.

翻译：您好，我亲爱的朋友，感谢您的光临，您可以从我店找到您需要的产品。如果没有找到您需要的产品，可以告诉我们，我们可以帮助您找到，请愉快地购物！再次感谢。

2. 推销新产品的话术

Hi friend,

Right now Christmas is coming, and Christmas gift has a large potential market. Many buyers bought them for resale in their own store, it's high profit margin product, here is our Christmas gift link, Please click to check them, if you want to buy more than 10 pieces, we also can help you get a wholesale price. Thanks.

翻译：嗨，朋友。圣诞节马上就要到了，这款圣诞节产品有很大的潜在市场，很多买家都购买了它们并在自己的店里进行销售。可以说，这是一款高利润率的产品，这是我们的圣诞节产品链接，请点击查看，如果您一次性购买 10 件以上产品，可以给您批发价。谢谢！

3. 告知买家已经发货的话术

Dear friend,

Thank you for shopping with us.

We have shipped out your order(order ID：×××) on Feb. 10th by EMS. The tracking number is ×××. It will take 5-10 workdays to reach your destination, but please check the tracking information for updated information. Thank you for your patience!

If you have any further questions, please feel free to contact me.

Best Regards.

翻译：亲爱的朋友，谢谢您的购物。我们已于 2 月 10 日通过特快专递寄出了您的商品（订单号：××× ），跟踪号为 ×××，需要 5 ～ 10 个工作日才能到达目的地，请您查看跟踪信息以获取最新物流信息。谢谢您的耐心等待！如果您还有任何问题，请随时与我联系。真挚的问候。

二、准备站内信回复话术

速卖通买家习惯通过站内信与卖家进行沟通，因此卖家要准备站内信回复话术，以便快速应对买家的咨询。回复站内信时需要注意以下几点：

（1）回复要及时，一般情况下 8 小时内完成回复。

（2）卖家客服人员不在计算机旁边时可以使用移动端设备继续服务，尽量提升回复的效率。

（3）措辞要尽量礼貌，回答买家问题的同时可以善意地引导买家下单。

（4）尽量让买家了解商品的变动信息。

（5）回复站内信结束的一方应该是卖方，这有助于提高回复率（回复率是速卖通平台对卖家的考核指标之一 ）。

💬 知识链接

一、移动端客服工作与PC端客服工作的差别

（一）服务载体不同

移动端客服的载体是手机、平板电脑等便携的电子设备，特点是方便携带，

能够随时随地回应买家询问和处理问题。PC 端客服的载体是台式计算机、便携式计算机，服务场所相对固定。

（二）服务效果不同

移动端客服对于访问量小的店铺或兼职开店的卖家来说是方便快捷的。但移动端客服局限性大，如一个手机只能登录一个阿里巴巴账户，不可以多个账户同时在线。移动端难以同时兼顾查询商品参数、物流信息等工作。因此，访问量大、交易量大的店铺客服应选择使用 PC 端。

二、SNS软件

SNS 全称为 Social Networking Services，即社交网络服务，国外买家有可能使用 SNS 软件与卖家沟通订单事宜，因此卖家需要了解潜在买家所在国家主流的 SNS 软件。

实战应用

任务 1：淘宝店铺的客服工作。

要求：制作淘宝店铺的客服工作手册，填写表 4-3。

表 4-3 淘宝店铺客服工作手册制作记录表

序　号	实 战 任 务	具 体 要 求	实 战 记 录
1	撰写店铺概况	撰写店铺简介与店铺标语	
2	撰写客服员工管理制度	简单列出客服工作管理制度的框架	
3	撰写客服工作概述	简单列出客服工作职能、基本要求、工作目标、工作流程和淘宝后台常规操作	
4	撰写销售工作技巧	根据店铺商品特点列出销售商品时需要使用的话术	
5	撰写客服工作行为规范	制作简单的常见问题及回答	

任务 2：速卖通店铺的客服工作。

要求：制作速卖通店铺的客服工作手册，填写表 4-4。

表 4-4　速卖通店铺客服工作手册制作记录表

序　号	实 战 任 务	具 体 要 求	实 战 记 录
1	撰写店铺概况	撰写店铺简介与店铺标语	
2	撰写销售工作技巧	根据店铺商品特点列出销售商品时需要使用的话术	
3	撰写客服工作行为规范	制作简单的常见问题及回答	

课后作业

1. 为了使客服工作手册与店铺风格保持一致，要在手册里添加（　　　　　）。

　　A. 常见问题及回答

　　B. 企业文化

　　C. 摄影技巧

　　D. 退款操作流程图

2.（　　　　　）是不需要客服人员掌握的。

　　A. 客户需求和客户自身的基本情况

　　B. 新产品的相关知识

　　C. 基本的销售技巧

　　D. Photoshop 美化图片技术

3. 请回答下面的问题：

（1）在编制客服工作手册时，哪些部分是不能缺少的？

答：_____

_____

_____

（2）当客服人员在工作中遭遇客户质疑时，应如何应对？

答：_____

_____

_____

🔲 任务评价

类别	序号	考核项目	考核内容及要求	分值/分	学生自测	学生互测	教师检测	分数
技术考评（80分）	1	客服工作手册	熟悉店铺特点和运营流程	20				
	2		客服工作手册内容齐全	30				
	3		熟悉客服工作内容	20				
	4		符合上岗要求	10				
非技术考评（20分）	5	态度	学习态度端正	5				
	6	纪律	遵守纪律	5				
	7	协作	团队合作状况良好	5				
	8	文明	保持安静，清理场所	5				

总分：

任务3 会员管理

会员管理是最常用的客户管理模式，会员管理的核心是设置会员等级和奖励制度。通常情况下，网店会员等级是根据客户购买频次和累计购买金额为依据划分的。合理地管理会员信息，及时给予客户关怀，能够增加客户黏度。

案例学习

米马生活的会员管理

米马生活是一家有着十多年经营历史的淘宝店铺，店铺首页如图4-33所示。店主非常重视客户管理，针对自家店铺的客单价和客户的购买次数等多方面信息，设计了一套行之有效的会员管理方案。

图4-33 米马生活店铺首页

设置会员管理制度的操作如下：

一、设置四级会员制度

米马生活根据自家店铺商品的价格、客户购买特点来设置会员制度，以交易额和交易频率为主要划分依据，设置了4种会员等级，分别给予相应的会员折扣。同时，为这些会员进行标签管理和忠诚度设置，如图4-34～图4-36所示。

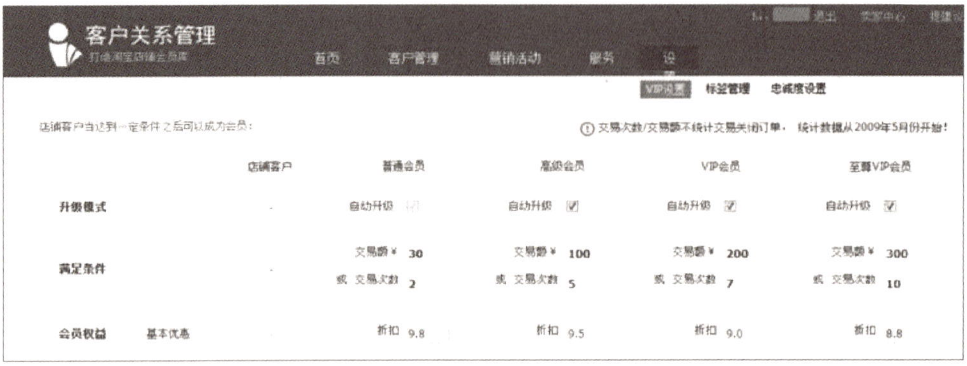

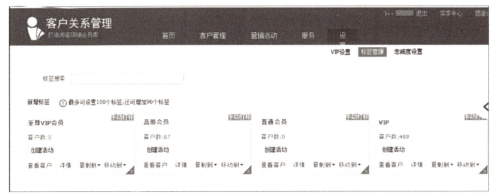

图4-34 会员等级设置

图4-35 标签管理设置

图4-36 忠诚度设置

二、收集客户信息

卖家主要利用淘宝卖家中心来进行客户信息的收集并进行客户分析,如图 4-37 和图 4-38 所示。

单击【管理会员】,即可看
到所有店铺内的会员信息

图 4-37　店铺客户分析

图 4-38　店铺客户信息

从图 4-38 中可以看出,米马生活的客户信息管理包括三个方面:一是基本客户信息,主要由卖家自行设置的客户等级来决定;二是客户来源,主要信息源是成交记录信息;三是基本操作功能。

三、建立客户信息档案

建立客户信息档案,可以更加有效地进行客户管理。开店初期,由于客户数量少,米马生活设计了简单的 Excel 电子表格进行客户信息的录入,方便查询管理,如姓名、性别、年龄、交易商品记录、收货地址等基本信息,如图 4-39 所示。

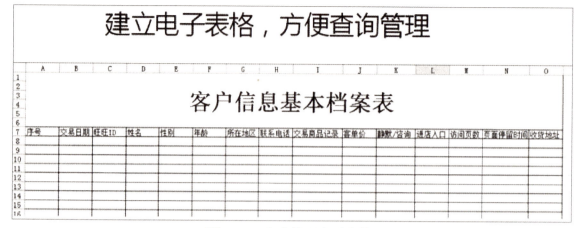

图4-39　客户管理电子表格

随着业务的发展，交易量不断增加，电子表格无法满足客户信息管理的需求，米马生活采用了 CRM 软件来帮助自己管理客户信息。

 **平台拓展**

速卖通店铺会员管理

速卖通店铺的会员管理与淘宝店铺的会员管理思路相同，但是具体操作不同，速卖通店铺后台提供了客户管理工具，如图 4-40 所示。

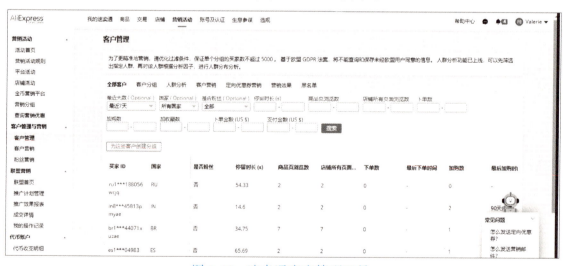

图4-40　速卖通客户管理工具

客户管理工具为卖家罗列了买家的具体信息，包括买家 ID、国家、是否粉丝、停留时长、商品页浏览数、下单数等信息，并且提供分组操作功能，卖家可以根据买家的特点进行分组，每个组对应不同的会员类别，可以针对不同类别的会员进行管理。

 知识链接

一、会员体系的含义

会员体系是通过一系列的运营规则和专属权益来提升客户对店铺的忠诚度，反哺店铺的各项业务，将客户一步步培养为忠实客户。通过基本的等级规则及伴随着等级附带的权益，引导客户深入参与店铺的各项业务，增加客户的黏性、活跃度、存留率，甚至使客户自发地向身边的人推荐产品。会员体系的最终目的是促使客户购买、使用店铺产品或服务。

二、会员体系的种类

（1）注册即可成为会员：新客户注册即成为会员。这种体系对会员的加入几乎是没有任何门槛的，甚至为了鼓励加入，还提供新人礼或新人优惠、试用服务。这类会员制度的设计在于吸引更多新会员的加入，通常称为免费会员体系。

（2）消费到一定金额才可成为会员：这类会员制度鼓励客户先消费，当消费金额达到一定标准即自动晋升为会员，消费金额越高，会员等级越高，相应权益不同。这类会员制度的设计在于从经营忠诚客户的角度出发，常见于销售航旅、酒店等产品的店铺。

（3）付费才可成为会员：这类会员制度代表的是产品商业模式，不仅以营销为目的。其收费模式分为一次性收费和批次性收费。其售卖的是产品核心权益和附加价值。

对于一般的淘宝店铺来说，首要任务是吸引新客户，所以建议采用免费会员体系。

三、设置会员等级规则

（1）等级分层：根据店铺销售策略进行会员等级分层规则设置，如可以根据会员消费行为（即消费金额、消费次数）划分等级，可以根据会员互动行为划分等级。

（2）等级名称：有了等级分层规则后，可以给每个等级命名。等级名称可以与品牌特性相结合，人格化运营以培养会员心智。例如，乐町店铺是一家专卖女装的淘宝店铺，乐町将自己定位为甜美少女系风格，将普通会员称为"布丁"，将高级会员称为"高级布丁"，与店铺的风格十分贴近。

（3）会员等级有效期：会员等级可以设置为长期有效，也可以设置一定的限制，有限制的会员等级可以起到刺激消费的作用。例如，会员的等级到期后，若在一定时间内满足一定的消费次数或消费金额即可将会员等级有效期顺延一年；若未能满足要求，则下调一个级别。

四、客户关怀服务

客户关怀是指利用数据库存储所有客户及潜在客户信息，分析客户偏好，在合适的时候推荐合适的产品，目的是在留住老客户的同时抢夺更多新客户。客户关怀的方式主要有：

（一）记录客户信息

客户关怀建立在数据库营销的基础上，需要记录的数据包括客户的姓名、手机号码、生日、消费记录、最后一次消费距今时间等。

（二）节假日问候

特别的纪念日对每个人来说都是特殊的，如果商家能够抓住时机送上祝福，在客户心中无疑会将商家划分到"亲朋好友"之列，客户自然更加忠诚。

（三）促销通知

通过站内信、即时聊天或短信通知客户店铺有活动，激发客户的购买欲望。

（四）赠送礼品

附在客户购买的商品里的礼品可以是小样、挂件、糖果等重量比较轻的物品，当客户收到商品时，让客户感受到卖家是有心的，能迅速提升客户对卖家的好感。

实战应用

任务 1：淘宝店铺的会员管理。

要求：登录淘宝千牛工作台，通过分析客户信息进行客户分类，制定符合店铺特点的会员体系制度等，完成表4-5。

表4-5　淘宝店铺会员管理实战记录表

序　　号	实 战 任 务	具 体 要 求	实 战 记 录
1	客户分类	利用千牛工作台客户管理功能对客户进行分类	
2	设置会员体系	设置四级会员等级制度、升级模式以及会员权益	
3	收集客户信息	设计电子表格收集客户信息	

任务2：速卖通店铺的会员管理。

要求：登录速卖通客户管理平台，通过分析客户信息进行客户分类，制定符合店铺特点的会员体系制度等，完成表4-6。

表4-6　速卖通店铺会员管理实战记录表

序　　号	实 战 任 务	具 体 要 求	实 战 记 录
1	客户分类	利用速卖通客户管理平台对客户进行分类	
2	设置会员体系	设置四级会员等级制度、升级模式以及会员权益	
3	收集客户信息	设计电子表格收集客户信息	

课后作业

1. 米马生活店的会员管理包括：＿＿＿＿＿＿＿＿＿＿＿、＿＿＿＿＿＿＿＿＿＿＿和＿＿＿＿＿＿＿＿＿＿＿。

2. 客户关怀服务包含（　　　　　）。

　　A. 节假日问候　　　　B. 促销通知

　　C. 赠送礼品　　　　　D. 发送广告

3. 会员体系种类有:＿＿＿＿＿＿＿＿＿＿＿ 、＿＿＿＿＿＿＿＿＿＿＿＿＿ 、

＿＿＿＿＿＿＿＿＿＿＿＿ 。

🗹 任务评价

类别	序号	考核项目	考核内容及要求	分值/分	学生自测	学生互测	教师检测	分数
技术考评（80分）	1	质量	能够根据条件设置会员等级	30				
	2		能够利用多种手段收集会员资料	30				
	3		能够建立简单的会员档案	20				
非技术考评（20分）	4	态度	学习态度端正	5				
	5	纪律	遵守纪律	5				
	6	协作	团队合作状况良好	5				
	7	文明	保持安静,清理场所	5				
总分:								

郑重声明

高等教育出版社依法对本书享有专有出版权。任何未经许可的复制、销售行为均违反《中华人民共和国著作权法》，其行为人将承担相应的民事责任和行政责任；构成犯罪的，将被依法追究刑事责任。为了维护市场秩序，保护读者的合法权益，避免读者误用盗版书造成不良后果，我社将配合行政执法部门和司法机关对违法犯罪的单位和个人进行严厉打击。社会各界人士如发现上述侵权行为，希望及时举报，我社将奖励举报有功人员。

反盗版举报电话　（010）58581999　58582371

反盗版举报邮箱　dd@hep.com.cn

通信地址　北京市西城区德外大街4号　高等教育出版社法律事务部

邮政编码　100120

读者意见反馈

为收集对教材的意见建议，进一步完善教材编写并做好服务工作，读者可将对本教材的意见建议通过如下渠道反馈至我社。

咨询电话　400-810-0598

反馈邮箱　zz_dzyj@pub.hep.cn

通信地址　北京市朝阳区惠新东街4号富盛大厦1座

　　　　　高等教育出版社总编辑办公室

邮政编码　100029

防伪查询说明

用户购书后刮开封底防伪涂层，使用手机微信等软件扫描二维码，会跳转至防伪查询网页，获得所购图书详细信息。

防伪客服电话

（010）58582300

学习卡账号使用说明

一、注册/登录

访问http://abook.hep.com.cn/sve，点击"注册"，在注册页面输入用户名、密码及常用的邮箱进行注册。已注册的用户直接输入用户名和密码登录即可进入"我的课程"页面。

二、课程绑定

点击"我的课程"页面右上方"绑定课程"，在"明码"框中正确输入教材封底防伪标签上的20位数字，点击"确定"完成课程绑定。

三、访问课程

在"正在学习"列表中选择已绑定的课程，点击"进入课程"即可浏览或下载与本书配套的课程资源。刚绑定的课程请在"申请学习"列表中选择相应课程并点击"进入课程"。

如有账号问题，请发邮件至：4a_admin_zz@pub.hep.cn。